KB042519

스물넷, 케인스를 만나다

고채윤 지음

박영사

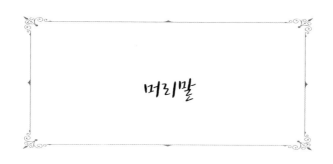

머리말

　스물넷은 20대의 가운데에 있는 청춘 그 자체다. 하얀 백지 같은 인생에 무언가 그려나가기 위해 처음으로 붓과 물감을 선택해야 하는 그들은 고민이 많을 수밖에 없다. '나는 누구일까, 인생은 어떻게 살아야 하는 걸까, 난 앞으로 무엇을 해야 할까'에 대한 고민이 시끌벅적한 일상 가운데 마음 한구석에서 메아리를 친다. 나 또한 그 물음 한가운데에서 답을 찾으려 고군분투했고, 그 결과 아주 조금씩 내가 가지고 있는 개성들이 눈에 띄기 시작했다.

　우선 나는 호기심이 정말 많다. 무언가를 배우면, '왜?'라는 의구심을 늘 품고 있었고, 머릿속에 물음표를 잔뜩 품은 채 교무실로 달려가 선생님께 질문을 여쭤보곤 했다. 지금 돌이켜보면, 질문들은 대부분 "왜 A는 B일 수밖에 없는가?" 혹은 "C의 진정한 개념, 의미, 느낌은 무엇인가? 왜 C에 c는 속하고, d는 속하지 않는가?" 혹은 "왜 D를 반드시 학생들이, 혹은 인류가 배워야만 하는가?" 혹은 "E를 발명 혹은 발견한 사람은 도대체 어떤 감성적 직관 혹은 논리적 사고에 의해 알아냈는가?" 등에 대한 질문들이었다고 말할 수 있겠다.

　이 질문들은 크게 세 가지로 나뉘는데, 내가 어떤 결과나 무언가를 '그냥' 받아들이지 못해서 나오는 질문이자 '진정한 인과관계에 대한 앎'의 욕구에서 오는, 주로 '왜?'라는 의문사를 동반하는 '논리적·필연적 원인'에 대한 과학적 질문들이 첫째이다. 둘째는, 어떤 개념을 받아들일 때, 그 개념의 의미뿐 아니라, 그 개념이 가진 어떤 깊숙한 본질까지 파고들어서 느끼고자 하는 욕구에서 오는 철학적 질문들이었다. 셋째는, 그러한 개념, 혹은 법칙을 알아낸 사람의 사고과정을 느껴서 성장하고자 하는 욕구와 또 그 개념과 법칙을 응용하고자 하는 욕구로, 그들의 '의의'를 알아내고자 하는 욕구로서의 성장적 질문들이었다.

또한 나는 좋아하는 것이 정말 많다. 고등학교 시절 어떤 과목이든, 대학교 시절 어떤 전공이든 모든 과목에 깊이 들어가 일체가 되어보면, 각 과목의 매력을 느낄 수밖에 없었다. 나는 특히 학문과 예술이라는 두 가지 큰 살래에 마음을 많이 빼앗기고 있음을 깨달았다. 학문은, 궁금해서 우러나온 질문에 대한 답을 스스로 찾아낼 수 있는 '본질' 혹은 '진리'와 관련한 매력이 있다. 반면, 예술은 또 다른 세계를 경험하는 것 같아 일종의 마취제를 맞은 듯한 감정적 폭발을 경험하게 하는 매력이 있다.

과학적 질문, 철학적 질문, 성장적 질문, 그리고 진리와 아름다움에 대한 나의 욕망은 점점 더 짙어지고 성숙해져 갔으며, 스물넷의 나이엔, 무지개만큼 다양한 세계의 여러 단면에 대해 흥미를 지니게 되었다. 즉, 나는 예술, 철학, 과학 모두에 대해 치명적인 흥미를 지니게 된 것이다.

머리로 하는 학문과 마음으로 하는 예술을 모두 좋아하는 것의 배경에는 어울리지 않을 것 같은 양극단에 있는 것들이 차이를 유지하면서도 서로 마찰하며 만들어지는 '힘'을 좋아한다는 특징이 있었다. 칸트의 미학을 공부하기도 전에, 세상 속에서 느껴지는 경이로움이나 아름다움이 묘하게 학문이나 지적인 앎, 지식과 밀접한 관련을 맺고 있는 것 같다고 생각했다. 특히 예술작품을 통해 경계를 뛰어넘는 감성적 경험을 할 때마다, 공부하고 싶은 지적 욕구가 일어났다.

그러나 다양한 학문과 예술에 관한 관심을 모두 충족시키면서도, 그 모든 다양한 흥미들을 자유롭게 표출해낼 무대를 찾는 것은 매우 어려웠다. 특히 전문화와 분업화가 중요하다고 여겨지는 현대사회에서는, 다양한 관심사 중 하나를 선택해야 할 것만 같았다.

그러다가 '경제학'이 가진 매력에 대해 다시 생각하게 되었다. '경제학'은 문과와 이과 사이에 있는 학문이다. 문과 계열인 '사회과학'에 속하면서도, 경제수학, 경제통계학과 같은 전공 수업이 열리며, 수학을 심도 있게 공부하면 경제학에 큰 도움이 된다. 어쩌면 경제학은 서로 다른 것들의 결합을 필요로 할지도 모른다는 생각이 나를 사로잡았다. 그러던 중, 세계적인 대공황을 해결했던 존 메이너드 케인스가 "훌륭한 경제학자는 여러 재능을 조화롭게 가지고 있어야 한다"라고 했음을 알게 되었다.

그렇다면 경제학은 철학적 능력, 과학적 능력, 예술적 능력을 모두 필요로 하지 않을까? 어쩌면 나의 철학, 과학, 예술에 관한 관심 모두가 경제학에 녹아들 수 있지 않을까? 그러나 대학 학사 과정에서 배우는 경제학은 전혀 그러한 융합이 필요하지 않는 듯했다. 그래서 직접 알아보기로 했다. 경제학은 대체 어떤 학문인지, 경제학에 필요한 능력은 어떤 능력인지, 경제학은 철학, 과학, 예술과 연결될 수 있을지, 경제학은 무엇을 위한 학문인지에 대해 말이다. 이 질문에 대한 답을 찾아내게 된다면, 나는 무엇을, 어떻게, 왜 해야 할지에 대한 길을 선명하게 그려낼 수 있을 것이다. 그래서 이 책은 스물넷의 평범한 대학생이 자신만의 길을 찾아가는 모습이 담겨있으면서도, 경제학의 정의, 방법, 목적 그리고 다른 예술 및 학문과의 연계 가능성에 대해서 새로운 관점도 제시하는 책이다.

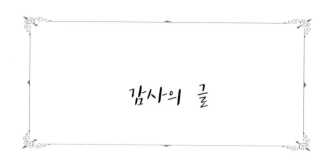

감사의 글

인생에서의 아주 중요한 단계에 다다라서 마주한 과제로서 이 책을 집필하는 것은 혼자는 해낼 수 없는 일이었다. 내가 다니고 있는 이화여자대학교, 그리고 '도전학기제'라는 이름으로 아주 큰 지원과 도움을 준 이화여자대학교의 대학혁신센터, 이화여자대학교의 교수님들, 이 책이 출판될 수 있게 도와준 출판사 '박영사', 미리 책 원고를 읽어주며 정성스런 피드백을 해준 이화여자대학교 4명의 벗들(여운, 인선, 주현, 혜인)을 포함한 모두에게 감사하다는 말씀을 드리고 싶다.

또한, 이 책의 핵심이자, 경제학을 알고자 하는 나의 무모한 도전에 길잡이가 되어준 경제학자 존 메이너드 케인스, 『철학이란 무엇인가』라는 책을 통해 철학, 과학, 예술이란 무엇인가에 대해 본질적으로 알게 해준 질 들뢰즈와 펠릭스 과타리, 케인스에 관한 연구를 하여 매우 훌륭한 논문들과 저서들로 이 책에 큰 도움을 준 Rod O'Donnell, 경제학의 물성과 인성의 결합에 대한 설명으로, 이 책을 집필하는 데 큰 용기를 주는 책들을 내주신 박우희 선생님께도 감사하다.

끝으로 이 책을 집필하는 데 도움을 줄 뿐만 아니라, '나'라는 존재가 항상 살아가는 이유가 되어주는 아빠, 엄마, 여동생, 남동생에게 무한한 고마움을 표시하고 싶으며, 정말 사랑한다고 말하고 싶다. 또 항상 내 곁에 있어 주고 믿어주는 몇몇 소중한 친구들에게도 항상 고맙다고 말하고 싶다.

덧붙여 이 책을 후원해 준 후원자분들 그리고 이 책을 읽어주는 모든 독자들에게도 이루 말할 수 없이 감사하다. 그 감사함에 누가 되지 않으려 열심히 공부하고 책을 써 내려갔지만, 아직 매우 많이 미흡하다는 점에 미리 직접 양해를 구한다고도 말씀드리고 싶다.

독자들에게 바라는 것이 하나 있다면, 이 책의 작가가 자신의 길을 찾아나가듯이, 독자분들도 자신의 인생이라는 새하얀 도화지를, 각자 내면이 가진 고유한 물감을 찾아내, 아름답게 색칠해나가기를, 그래서 하나의 예술작품 같은 인생을 살아갈 수 있기를 간절히 소망하고 기대한다.

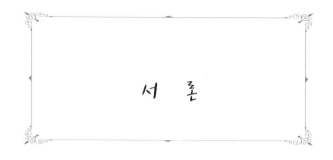

서 론

『스물넷, 케인스를 만나다』의 목표

이 책의 목표는 경제학과 예술, 철학, 과학(수학)의 밀접한 관계에 대해 제시하는 것이다. 이 하나의 목표를 위해, 케인스의 인식론, 예술·철학·과학이란 무엇인가, 경제학의 정의·방법·목적, 케인스의 삶과 그의 경제이론이 모두 다뤄지며, 핵심 주장과 설명에 살을 붙여준다.

『스물넷, 케인스를 만나다』의 흐름

경제학과 예술, 철학, 과학(수학)의 관계에 대해 핵심적으로 다루는 부분은 제2부의 제4장이다.

제4장의 앞부분 세 장은, 바로 이 제4장에 대한 이해도와 설득력을 높이기 위해, 근거의 배경이 되는 설명들을 한다. 케인스의 인식론을 가장 먼저 설명하고, 케인스의 인식론을 바탕으로, 과연 예술, 철학, 과학은 어떤 것인지, 각 개념의 어떻게 정의내릴 수 있을지에 대해 다룬다. 그 다음 케인스의 경제철학(경제학의 정의, 방법, 목적)을 다룬다. 예술, 철학, 과학, 경제학을 정의내리고 그 성질을 자세히 파악한 앞의 세 장을 마치면, 드디어 제2부 제4장의 내용이 더욱 풍부하고 설득력 있게 다가올 것이다. 이를 시험해보고 싶

다면, 앞부분을 읽지 않고 제4장을 읽은 후, 다시 처음으로 돌아가 차근차근 읽고 제4장을 읽어보며 그 이해도와 설득력의 차이를 경험해보는 것도 좋을 것이다.

그 다음 제4장 이후 뒷부분 두 장은, 제4장을 케인스의 삶과 그의 이론에서 입증해나가는 과정이다. 과연 케인스는 정말 예술, 철학, 과학, 경제학을 아우르는 다재다능한 천재였는지, 또한 그의 대표 경제이론에는 이 다재다능함이 어떤 색을 내며 녹아들어있는지를 다룬다. 새롭게 변화된 현실에 걸맞는 새로운 경제이론에 대한 요구가 절실한 현대 사회에, 그 당시에는 매우 혁명적이었던 경제이론을 만들 수 있었던 이유를 경제학과 예술, 철학, 과학의 관계 면에서 방법론적으로 다루는 것은 매우 흥미로울 것이다.

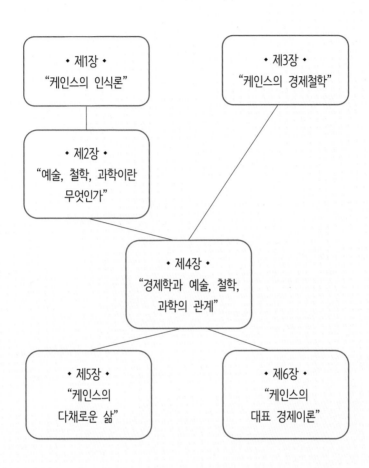

• 책의 전체 흐름 •

• 제1장 •
"케인스의 인식론"

• 제3장 •
"케인스의 경제철학"

• 제2장 •
"예술, 철학, 과학이란
무엇인가"

• 제4장 •
"경제학과 예술, 철학,
과학의 관계"

• 제5장 •
"케인스의
다채로운 삶"

• 제6장 •
"케인스의
대표 경제이론"

차 례

CHAPTER

02 케인스의 인식론과 예술·철학·과학

● PART 02 ●

경제철학 및 경제학과 예술, 철학, 과학의 관계

CHAPTER

03 케인스의 경제철학

CHAPTER

04 저자의 경제철학

◦ PART 03 ◦

케인스의 삶과 경제이론에서의 적용

CHAPTER

05 케인스의 다채로운 삶

CHAPTER

06 케인스의 경제이론, 『일반이론』으로의 적용

케인스의 인식론과
예술, 철학, 과학

*"The scientist must admit the artist
to be his master."*
"과학자는 예술가가 그의 스승이라는 점을
인정해야 한다."[1]

제1장
케인스의 인식론

　존 메이너드 케인스는 "경제학자"로 유명하다. 그러나 그는 경제학보다 철학을 더 좋아했을 때도 있었던 분명한 철학자였다. 그는 철학 저서인 『Treatise on Probability(확률론)』를 경제학 저서 『The general theory of Employment, Interest, and Money(고용·이자·화폐의 일반이론)』를 집필하기도 전에 먼저 완성했다. 케인스가 경제학 저서를 내기 전, 이미 철학 저서를 출간한 것을 잘 알고 있던 로버트 스키델스키[2]는 케인스의 삶에 관한 책을 출판할 때, 그 제목을 『철학자, 경제학자, 정치가, 존 메이너드 케인스』로 지으며 케인스가 철학자이기도 함을 상기시켰다.

　케인스가 집필한 철학 저서의 목표는 "합리적(rational)이지만, 확실하지는 않은(uncertain) 믿음이 어떻게 가능한가?"에 대한 질문을 풀어내는 것이며, '논리학'을 다루고 있다. 다만, 우리가 케인스의 철학 저서에서 주의 깊게 볼 내용은 그가 간단하게나마 다루었던 "인식론"이 녹아 있는 2장(Chapter 2)이다. 인식론이란, "우리의 앎, 즉 지식이 어떻게 가능한가, 무엇이 지식인가, 우리는 어떻게 알 수 있으며, 무엇을 알 수 있는가" 등을 다루는 철학의 중요한 분야이다. 저명한 철학자들은 모두 자신만의 인식론적 기반을 다지고 그 위에 철학 사상을 세워나갔다. 즉, 인식론은 한 사상가의

---

1) R. M. O'Donnell, Keynes on Aesthetics, p.118.
2) 로버트 스키델스키는 영국의 경제사학자이며, 영국 경제학자 존 메이너드 케인스의 전기의 저자로 주로 알려져 있다.

탐구 방향을 결정해주는 근본적인 토대이다. 따라서 케인스의 생각을 아주 내밀하게 알아내기 위해 그의 인식론을 자세히 알아보는 것은 필수적이다.

참고로, 케인스의 인식론에 대한 자료가 그리 많지 않았다. 직접적으로 그의 철학 저서 『확률론』 2장에 언급되어 있지만, 그의 인식론에 대해 다룬 학자들이 많지 않아, 간접적인 자료들이 많지 않았다. 아마 많은 학자들이 케인스의 '경제학적인' 측면에 관심이 더 많았기 때문일 것이다. 불행 중 다행으로, 케인스를 연구하는 Rod O'Donnell[3]이 그의 저서 『Keynes: Philosophy, Economics, and Politics』에서 케인스의 인식론과 심지어 경제학과의 관계까지 꽤 자세하게 다루었음을 알아낸 후, 이를 주요하게 참고하였다.

또한, 케인스와 가까운 관계를 가졌던 철학자 버트런드 러셀의 책 『철학의 문제들』을 참고하여, 케인스가 간단히만 언급했던 "직접 대면", "직접적 지식"과 같은 용어들의 자세한 의미를 유추해냈다.

제1장에서의 키워드는, 위와 같이 "직접 대면, 본질 직관, 직접적 지식, 논리적 관계 직관, 간접적 지식"이다. 제1장이 끝날 때 즈음에는, 이 용어들이 서로 유기적으로 연결되어 독자 스스로도 하나의 그림을 그릴 수 있길 바라며 차근차근 설명해보도록 하겠다.

---

3) Rod O'Donnell은 케인스의 예술적, 철학적, 과학적, 경제학적 면모들을 두루 아우르며, 경제학자 존 메이너드 케인스의 철학·미학·경제학 이론과 삶을 탐구한 자이다. 케인스의 경제학적 업적에만 주목하지 않고, 그의 다양한 분야에서의 활동과 성과들에 주목하고, 연구한 대표적 인물이다.

▌제1절 직접 대면(Direct Acquaintance)

"We start from things, of various classes, with which we have, what I choose to call without reference to other uses of this term, *direct acquaintance*. Acquaintance with such things does not in itself constitute knowledge, although knowledge arises out of acquaintance with them."4)

: "우리가 가지고 있는 다양한 종류의 '어떤 것들'로부터 시작하려고 한다. 이 '어떤 것들'과 관련해 내가 선택한 용어는 '직접 대면'이다('직접 대면'이라는 용어의 다른 쓰임에 대한 언급은 하지 않겠다). 비록 어떤 것들을 직접 대면하는 것으로부터 지식이 나오지만, 오직 어떤 것을 직접 대면하는 것만으로 지식을 구성할 수는 없다."

케인스는 우리가 직접 대면을 할 수 있는 것들에는 다양한 종류가 있다고 말한다. 또한 우리는 그들을 직접 대면을 하는 것을 통해 지식을 구성할 수 있지만, 오직 그것만으로는 지식을 구성하지 못한다고 말한다.

그렇다면 직접 대면이란 무엇이며, 직접 대면을 하는 것들은 또 무엇인가? 케인스는 『확률론』에서 직접 대면에 대해 아주 간단하게 언급하고 넘어갔다. 따라서 '직접 대면'이란 무엇인지를 더 자세히 이해하기 위해, 케인스와 동시대 지식인이자 동료였던 버트런드 러셀5)이 『철학의 문제들』에서 설명한 '직접 대면'을 주자료로 하여 다뤄보도록 하겠다.

러셀의 『철학의 문제들』의 번역자는, 러셀이 사용한 "Acquaintance"라는 용어를 "직접 대면"으로 번역했다. 그에 따르면, "직접 대면"이라는 용어는, 이 세계의 어떤 부분이 나와 묘한 경계를 이루는 지점 바로 앞에 직접 놓

---

4) John Maynard Keynes, *A Treatise on Probability*, Cosimo Classics, 2007, p.12.
5) 버트런드 러셀은 영국의 수학자, 철학자, 수리논리학자, 역사가, 사회 비평가이다. 20세기를 대표하는 천재이자 지성인으로 여겨진다.

여, 중간의 매개 없이 나에게 즉각적인 반응을 불러일으킬 때 사용된다. 즉, 세계의 한 부분과 내가 서로 양면의 색종이처럼 아슬아슬한 경계를 유지하며, 중간 매개 없이 딱 달라붙어 경계선을 유지하면서도 일체가 된 것이다.

러셀에 따르면, "진리에 관한 어떤 인식이나 추리 과정의 매개를 통하지 않고서도 어떤 사물을 직접 지각할 때 우린 그 사물과 직접 대면했다고 말한다."[6] 현 시공간 속에서 있는 그대로, 나에게 세계의 일부분이 닿을 바로 그때, 우리는 직접 대면을 한 것이다. 나와 어떤 것 사이에 아무런 매체가 없어서, 그것과 직접 통하며, 순간적으로 하나가 되어 서로를 느끼거나 인식할 때를 말한다.

Rod O'Donnell에 따르면, "직접 대면"의 정확한 의미가 케임브리지 철학에서 완벽하게 분명하지는 않지만, "나와 어떤 사물 사이에 중간의 매체가 전혀 없어, 그 사물 자체가 있는 그대로 직접 모두 포착될 때"를 의미하는 것 같다고 분석하고 있다.

▌제2절 직접 대면의 첫 번째 형태: 감각 경험(sensation experience)

The most important classes of things which we have direct acquaintance are our sensations, which we may be said to *experience*.[7]

: 우리가 직접 대면을 통해 얻을 수 있는 가장 중요한 것 중 하나는 "감각(sensation)"이다. 우리는 "감각"을 직접 대면했을 때 "경험(experience)"했다고 말한다.

---

6) 버트런드 러셀, 『철학의 문제들』, 이학사, 2018, p.84.

7) John Maynard Keynes, *A Treatise on Probability,* Cosimo Classics, 2007, p.12.

"직접 대면"에 대한 이해를 하고자 할 때, 우리가 가장 쉽게 떠올릴 수 있는 직접 대면은 아마 감각 경험일 것이다. 케인스 또한 우리가 직접 대면하는 첫 번째 대상으로, "감각"을 언급했다. 여기서 하나 주의해야 할 점이 하나 있다. 우리가 노란 꽃을 볼 때, 우리가 직접 대면하는 것은, 형형색색의 다채로운 노란색들, 꽃의 향긋한 향기와 같은 것이지, 이러한 감각들을 근본적으로 만들어내고 있는 저 너머의 어떤 것이 아니다. "감각"과 관련한 직접 대면을 케인스의 친구, 러셀의 용어로 좀 더 자세히 살펴보자.

러셀은 '현상'과 '물리적 대상'을 구분 지었다.[8] 그리고 이때 '현상'을 구성하는 감각 자료들을 가장 대표적인 직접 대면하는 대상으로 설명한다.

우리의 논점을 분명히 하기 위해 책상에만 관심을 한정시켜 생각해보자. 우리의 눈에는 책상이 사각형이고 갈색이며 윤이나 보인다. 또 촉각으로는 반들대고 차갑고 딱딱하게 느껴진다. 내가 책상 면을 두드리면 나무를 두드리는 것과 같은 둔탁한 소리가 들린다. 책상을 (직접) 눈으로 보고, 손으로 만져 보고, 두들기는 소리를 들어본 사람이라면 누구나 책상에 관한 이러한 기술에 동의할 것이므로, 이에 관해서는 어떠한 어려움도 생기지 않을 것이다. 그러나 우리가 좀 더 엄밀하고 깊이 있게 생각하면 상황은 달라진다. 나는 처음에는 책상의 표면이 "실제로" 전부 똑같은 갈색이라고 믿었지만, 자세히 관찰하면 빛을 반사하는 어떤 부분은 다른 부분보다 더 밝게 보이고, 또 어떤 부분은 반사되는 빛 때문에 더욱 희게 보인다. 내가 움직이면 빛을 반사하는 부분이 달라지므로 책상 표면의 색깔 분포도 변하게 되리라는 것을 나는 알 수 있다. 그러므로 여러 사람이 동시에 똑같은 책상 하나를 보고 있을지라도 누구도 정밀하게 똑같은 색깔 분포를 동시에 볼 수는 없다는 것을 우리는 알 수 있다. 왜냐하면 누구도 정확하게 똑같은 (시공간적) 관점에서 책상을 볼 수는 없으며, 관점이 변하면 빛이 반사되는 방식도 달라질 수밖에 없기 때문이다.[9]

---

8) '현상'이란, 경험을 통해 얻을 수 있는 느낌, 감각, 지각 등을 말하며, '물리적 대상'이란, 그 모든 현상들을 만들어내고 있는 보다 근본적인 것을 말한다.

9) 버트런드 러셀, 『철학의 문제들』, 이학사, 2018, p.38.

책상을 직접 눈으로 볼 때 나에게 전달되는 것은 참 많다. 갈색이라는 색, 사각형이라는 모양, 그리고 좀 더 자세히 관찰을 하다 보면 빛이 반사하는 각도에 따라 미세하게 달라지는, 갈색과 비슷하지만 분명 서로 다른 색깔들, 반짝반짝 빛나는 윤기. 또 책상을 두드리면 둔탁한 소리가 부분마다 조금씩 다르게 들려온다. 아니면 화창한 봄날, 그 분위기에 온몸을 다해 피어있는 벚나무를 본 적이 있는가? 그때의 경험을 상기시켜보자. 하얀색, 분홍색, 갈색, 어쩌면 부분마다 햇빛을 받아 달라지는 색깔들까지, 또 가까이 가면 맡을 수 있는 벚꽃 특유의 향기, 살짝 손으로 만져봤을 때의 꽃의 촉감. 여러분이 벚꽃을 있는 힘껏 관찰해서 얻을 수 있는 그 모든 것들을 상상해보라. 이 모든 것들이 바로 벚꽃의 '현상'이다. 즉, 사물을 볼 때, 우리에게 (특히 감각적으로) 나타나는 모든 것들을 '현상'이라고 한다. 우리는 바로 이 현상을 감각적으로 직접 대면하는 것이다.

이러한 '감각 경험'은 철학자 칸트와도 매우 밀접하게 관련이 있다. 칸트는 내용과 형식이 있다고 했을 때,[10] "감각 경험"은 '내용'과 관련된 능력이자 '감성'의 능력, 즉 감성적 직관이라고 말한다. 칸트는 물자체[11]가 우리에게 '현상'의 '내용'을 제공해준다고 한다. 이러한 내용을 예민하게 포착하는 능력이 감성(sensibility)이다. 다양한 내용의 자극을 수용하는 능력인 감성적 직관이나, 감성적인 수용 능력을 뜻하는 '감수성'이라고도 말할 수 있겠다.

예를 들어, 위대한 음악과 감동적인 시를 읽었을 때, 감수성이 풍부한

---

10) 칸트의 이러한 내용과 형식의 구분은 아리스토텔레스의 질료(matter)와 형상(form)의 관계로부터 영향을 받은 것이라고 할 수 있다. 간단히 이해를 위해 우리가 달고나를 만든다고 생각해보자. 칸트의 '내용' 혹은 아리스토텔레스의 '질료(matter)'는 달고나 반죽이다. 그러나 그 내용 혹은 질료만으로는 달고나가 만들어진다고 할 수 없다. 달고나 반죽을 별 모양, 하트 모양, 동그라미 모양의 틀로 찍어 굳혀 모양을 잡아야 한다. 바로 이 다양한 모양의 틀이 아리스토텔레스의 '형상(form)'이자, 칸트의 '형식'이다. 달고나 반죽이나 달고나 틀만으로 달고나는 만들어질 수 없다. 그 두 개의 조합이 달고나를 만들어낸다. 이렇듯, 칸트는 우리가 느끼는 현상은 모두 내용과 형식이 만난 것이라고 주장하였다.

11) 칸트의 물자체는 우리에게 '현상'을 느낄 수 있게 해주는 것이자, 그에 선행하는 것이다.

사람과 아닌 사람이 나누어진다. 외부의 자극이 의식 내면으로 아주 잘 흡수가 되는 사람을 감수성이 풍부한 사람이라고 말한다. '현상'의 내용을 아주 풍부하게 받아들이는 사람, 똑같은 벚꽃이라도 그 벚꽃의 다양한 감각적 경험들을 모조리 다 의식 내면으로 수용해 버리는 사람들이 바로 감수성이 풍부한 자, 어쩌면 예술가들일 것이다. 혹은 예술가들이 아니더라도, 똑같은 슬픈 영화를 보고도 감수성이 풍부한 사람은 도드라진다. 그들은 슬픈 영화가 주는 모든 감성, 감각적 내용을 다른 사람보다 풍부하게 포착하며, 이 모두를 자신의 의식 내면으로 가져온다.

우리 앞에 아주 노란 꽃이 있다고 가정해보자. 우리는 바로 눈앞에 있는 노란 꽃을 직접 보고, "노랑"과 관련된 (강렬한) 감각적 반응을 즉각적으로 체험하여 얻는다. 이때, 우리는 단순히 그 "노랑"의 감각을 직접 대면했다고 할 수 있다. 왜냐하면, 그 노란 꽃을 바라보며 나에게 전해지는 감각들은, 나와 노란 꽃 사이의 아슬아슬한 경계면에서 매개 없이 직접 전해진 것들이기 때문이다.

노란 꽃의 꽃잎들을 자세히 본다고 생각해보자. 그 꽃잎들은 모두 색깔이 똑같은가? 햇빛이 반사되는 각도와 정도에 따라 그 색은 다를 것이고, 꽃잎이 가진 화학적, 물리적 특징에 따라 아주 다양한 노란색들을 가지고 있을 것이다. 노란 꽃을 보고, 한 가지 노란색 물감으로 꽃 그림을 칠한 화가보다는, 좀 더 풍부하게 노란색을 감각하고, 이를 각양각색의 색으로 표현해낸 화가의 그림을 보며 우리는 "맞아! 내가 보고 느낀 것이 바로 그거야! 그게 바로 그때 그 노란 꽃이지!"라고 외칠 것이다.

그러나 우리는 직접 대면을 '눈', 즉 시각을 이용해서만 할 수 있을까? 만약 시각적으로 노란 꽃과 직접 대면을 하는 것이 아니라, 더 내밀하고 깊은 단계에 이르러 노란 꽃이 주는 현상, 내용, 감각을 직접 대면할 수는 없을까? 후기 인상파 화가 폴 고갱[12]은 "나는 보기 위해 눈을 감는다."라고

---

12) 폴 고갱은 프랑스의 탈인상주의 화가이다. 생전에는 그리 인정받지 못하였으나, 현대

말한 적도 있으니 말이다.

　세상 사람들이 가장 좋아하는 화가로 꼽히는 반 고흐, 그의 유명한 해바라기 그림이 바로 직접 대면의 순간을 가장 완벽하게 놓치지 않고 표현한 작품 중 하나라 생각한다. 이후 우리가 다루겠지만, 예술가는 우리가 가볍게 대면하고 지나가는 세계의 단편들을, 최대한 가까이 밀어붙여 직접 대면하고, 그 강도 높은 느낌과 감각을 회화나 음악의 형식에 맞게 적절히 표현하여, 우리가 일상에서 느끼지 못하는 아주 농도 짙은 느낌과 감각을 전달해준다.

▌제3절 직접 대면의 두 번째 형태: 지각(perceive)

The most important classes of things which we have direct acquaintance are the facts or characteristics or relations of sense-data or meanings, which we may be said to perceive.[13]

: 우리가 직접 대면을 통해 얻을 수 있는 가장 중요한 것 중 하나는 감각 자료나 의미(관념)들의 "사실들", "특징들" 혹은 "관계들"이다. 그들을 직접 대면했을 때 바로 그것들을 "지각(perceive)"했다고 말할 수 있다.

지각(perception) vs 감각(sensation)

　"지각"과 "감각"은 19세기까지만 해도, 철학자들이 잘 구분하지 않았던 개념들이다. 따라서 매우 유사한 면도 있으나, 20세기에 들어서는 많은 철

　　에는 인상주의를 벗어나 종합주의 색채론에 입각한 작품들을 남긴 화가로 널리 인정
　　받고 있다.

13) John Maynard Keynes, *A Treatise on Probability*, Cosimo Classics, 2007, p.12.

학자가 지각과 감각을 분명히 구분하였다.

앞서 살펴보았지만, 직접 대면의 첫 번째 형태와 관련 있는 "감각"은 감각 자료들(sense data)이 하나로 종합되지 않고, 병치되거나, 분리되거나, 발산할 때를 말한다. 반면에, "지각(perceive)"은 우리에게 다양하게 들어오는 감각 자료(sense-date)들을 종합적으로 하나로 묶어, 응축해서 받아들이고, 이를 어떤 대상(object)에 귀속시키는 것을 말한다. 즉, 감각 기관을 통해 대상을 인식할 때를 말한다.

우리 앞에 빨간 사과가 있다고 가정하자. 그러면 빨갛고, 동그랗고, 단단하고, 달고, 상큼하고, 윤기가 나는 등의 다양한 감각들이 우리에게 전해질 것이다. 그리고 제각각의 방식대로 나타나는 감각들을 "종합"하여, 그 "빨간 사과"에 귀속시킨다. 바로 이렇게 다양한 감각들을 종합하여 하나의 객체(object)에 귀속시키는 작업이 '지각'이다.

좀 더 선명한 구분을 위해 예를 들어보자. 바닥에 붉은 피가 있다고 가정해보자. 우리는 그 붉은 피로부터 많은 감각 자료들을 전해 받을 것이다. 붉은색, 끈적끈적함, 어떤 특유의 냄새, 액체의 느낌 등등. 이렇게 감각 자료들을 받아들일 때, 그저 "붉은색"이 주는 강렬함, "붉은색"이 나에게 주는 자극, 효과에만 빠져들면, 그것은 감각(sensation)이다. 각각의 감각 자료들을 하나로 종합하거나, 하나의 대상으로 응축해 밀어붙이려는 노력을 전혀 하지 않는다. 이때, 바닥에 있는 붉은 피는 "피"가 아니다. 그것은 그저 "붉은색의 어떤 것"일 뿐이다.

반면, 우리가 그 붉은 피로부터 느낄 수 있는 모든 감각 자료들을 종합하여, 어떤 하나의 대상("피")으로 통일하여 귀속시킬 때, 지각 작용이 벌어진 것이라 할 수 있다. 지각이 일어날 때, "붉은색"이라는 감각 자료는 다른 것과 분리되어 그 자체로 받아들여지지 않는다. 다른 감각 자료들과 함께 "붉은 피"라는 대상에 귀속되어 느껴진다.

우리는 이렇듯 감각들이나 관념들을 "종합적으로 응축해서" 느끼고 인식할 수 있으며, 이를 "지각한다"라고 표현한다. 따라서 새로운 형태의 사실, 특징 혹은 관계를 직접 대면하게 된다.

▌제4절 직접 대면의 세 번째 형태: 관념과 의미 포착
(understanding the meanings or ideas)

The most important classes of things with which we have direct acquaintance are the ideas or meanings, about which we have thoughts and which we may be said to understand.[14]

: 우리가 직접 대면을 통해 얻을 수 있는 가장 중요한 것 중 하나는 "관념들 (ideas)"과 "의미들(meanings)"[15]이다. 우리는 그들을 머릿속에 떠올리며, 그들을 직접 대면했을 때 바로 그것들을 "이해(understand)"했다고 말한다.

케인스는 우리가 직접 대면하는 두 번째 대상으로 "관념"과 "의미"가 있다고 주장한다. 관념과 의미는 우리의 "머릿속 생각", "의식", "정신", "마음"과 관련이 있다.

관념

우리의 바로 앞에 불이 있다고 생각해보자. 파랑, 노랑, 주황, 빨간색 등의 강렬한 혼합된 색을 내뿜는, 아주 뜨거운 불이 우리 앞에 있다. 우리는 앞서 말했듯, 그 불로부터 많은 감각을 직접 대면할 것이다. 강렬한 색들, 그 자신의 에너지를 참지 못하는 듯 이글거리며 타오르고 춤추는 듯한 모양새, 또 만약 가까이 가면 그 뜨거움도 고스란히 전해질 것이다.

---

14) John Maynard Keynes, *A Treatise on Probability*, Cosimo Classics, 2007, p.12.
15) meanings는 '의미'뿐 아니라, '뜻'이라고 해석되어도 좋다.

우리에게 전해지는 이러한 "외부"의 자극은, 우리의 정신에 새겨진다.[16] 즉, 우리의 머릿속에 그 불 혹은 불에 대해 우리가 경험한 감각들은 어떤 '상(image)'을 새긴다. 예를 들어, 불과 멀리 떨어져, 눈을 감고, 다시 불을 떠올려본다면, 우리의 머리, 마음, 정신 속에는 분명 어떤 것이 떠오를 것이다. 바로 그때 떠오른 것이 '관념'이다. 관념은 물리적으로 존재하지는 않지만, 분명 우리의 생각, 머리, 마음, 정신 속에서는 존재한다.

또 다른 예를 들어보자. 당신은 '돈'이라는 단어를 들으면, 머릿속에 무엇이 떠오르는가? 좀 더 추상적으로 '행복'이라는 단어를 들으면, 머릿속에 무엇이 떠오르는가? 당신에 떠올린 바로 그것이 '관념'이다. 그리고 당신의 관념은 아마 이 세상 누구와도 완전히 똑같진 않을 것이다. 누군가는 '물'을 떠올리라고 했을 때, 수도꼭지에서 흐르는 물의 이미지를 떠올릴 수 있다. 누군가는 바다를 채우는 웅장한 물을 떠올릴 수도 있다. 누군가는 열심히 운동한 후에 마신 시원한 물을 떠올릴 수도 있다. 누군가는 비 오는 날의 빗물을 떠올릴 수도 있다. 어떤 사람은 정수기 광고에 나오는 물컵에 담긴 투명한 물을 떠올릴 수도 있다.

그렇다면, 우리는 '관념'을 직접 대면한다고 할 수 있는가? 어떤 것을 직접 대면한다는 것은, 그것을 "있는 그대로 직접 모두 고스란히 받아들이는 것"을 의미한다. 직관적으로 생각해보았을 때, 우리는 어떤 관념을 머릿속에 떠올릴 때, 그 관념과 직접 통하고 있음을, 직접 접촉하고 대면하고 있음을 느낀다.[17]

---

16) 철학자 스피노자는 그의 대표 저서 『에티카』 2부에서 "정신의 본성과 기원에 대하여"를 다룬다. 스피노자는 심신평행론 혹은 심신 일원론을 주장하는 대표적인 철학자이다. 즉, 물체와 정신은 초월적, 위계적, 우연적 관계가 아닌 내재적, 평행적, 필연적 관계임을 주장한다. 또한, 스피노자의 실체, 속성, 양태 개념에서, 인간의 신체와 외부의 물체는 모두 '양태'에 속한다. 스피노자는 2부에서, 외부의 물체가 인간의 신체를 "자극"하면, 동시에 인간의 정신 속에 '관념'이 생겨난다고 주장하였다. 여기서, 외부의 물체가 인간의 신체를 자극함으로써, '관념'이 마음속에서 자연히 생성되는 방식의 설명은 저자도 매우 동의한다. 이렇듯 '관념'이 생겨나는 방식에 대한 더 자세한 설명은 스피노자의 『에티카』 2부를 참조하라. 더욱 풍부한 이해가 되리라고 기대한다.

17) '관념(idea)'과 직접 대면함에 대해 좀 더 이해가 필요하다면, 버클리의 『관념론』을 참

의미

누군가가 우리에게 "나뭇잎은 보통 검은색이야."라고 말했다고 생각해 보자. 당신은 이 말을 이해했는가? 만약 당신이, "나뭇잎은 보통 초록색인데."라고 반박하고 싶다면, 적어도 "나뭇잎은 보통 검은색이야."라는 말의 의미는 이해한 것이다. 그리고 그 말을 이해했다는 것은, 적어도 그 말의 뜻, 의미를 직접 대면했다는 것이다. '나뭇잎'이라는 용어를 이해하려고 할 때, 우리는 '나뭇잎'이라는 기호[18]에 대응되는 관념을 떠올리며, 의미를 포착한다. '보통' 그리고 '검은색'이라는 용어를 이해할 때도 마찬가지다. 우리는 상대방의 말을 이해하려고 할 때, 상대방의 말의 '의미'를 우리의 마음속 관념으로 알아내려 한다. 그리고 이를 통해, 상대방 말의 '의미'를 이해한 순간이, 바로 의미를 직접 대면한 순간이다.

물론, 상대방의 '나뭇잎', '보통', '검은색'의 의미와 나의 '나뭇잎', '보통', '검은색'의 의미는 완전히 똑같진 않을 것이다. 앞서 말했듯, 사람마다 모두 다른 경험들을 했기 때문에, 그로 인한 자극이 다 달라서, 그들이 머릿속에 가지고 있는 관념은 다 다르기 때문이다. 그리고 다른 관념으로 인해, 똑같은 '나뭇잎'이라는 기호로도 표현하는 의미는 다를 것이다. 하지만 상대방의 말을 이해했다고 할 수 있을 때, 우리는 적어도 상대방의 말의 의미의 "일부분"은 직접 포착해 대면했다고 할 수 있다.[19]

상대방의 말의 의미를 더욱 높은 비율로 직접 대면할 때, 우리는 상대방의 말을 더욱 잘 이해했다고 할 수 있고, 소통이 더욱 원활하게 될 수 있다. 그러나 만약 상대방의 말의 의미가 잘 직접 대면되지 않으면, 우리는 상대

고해보길 바란다.

18) 기호와 의미는 필연적 관계가 아니다. 그런데도, 우리는 어떤 기호를 보고, 그것의 '의미'를 이해한다. 이에 대해 더 알고 싶다면, 언어철학을 참고하라.

19) 비트겐슈타인의 철학을 참고하라.

방의 말을 이해하기가 힘들다고 말할 수 있으며, 소통 또한 어려울 것이다. 예를 들어, 우리는 상식적, 대중적, 일상적인 말의 의미는 잘 파악하고, 이해한다. 소통에도 큰 어려움이 없고, 즉각적인 소통도 가능하다. 그러나 기존의 상식을 깨거나 경계를 넘는 의미를 지닌 말들, 혹은 기존과 똑같은 기호를 사용하고 있으나, 그 안의 내용이나 의미는 기존 의미와는 다르게 혁신적으로 변화한 말들, 그리고 심지어 기존에 전혀 없던 새로운 의미를 지닌 말들의 경우, 우리는 그들의 의미를 직접 대면해 이해하는 데에 시간이 걸릴 것이고, 또 어려움을 느낄 것이다. 늘 새롭고 혁신적인 철학이 어렵고 난해한 이유 또한 여기에 있다. 우리는 철학적인 용어를 들을 때, 기존의 일상적 상식과는 다른 의미를 새로 직접 대면해야 한다. 어떠한 용어나 말의 '의미'를 직접 대면해 서로 합치함으로써 있는 그대로 받아낼 수 있는 능력이 '철학'이 필요로 하는 능력과도 매우 밀접한 연관이 있다.

우리는 지금까지 직접 대면의 세 가지 형태인, 감각, 지각, 관념과 의미 포착까지 보았다. 그러나 케인스는 직접 대면만으로는 지식을 만들어낼 수 없다고 말한다. 그런데 우선 "지식"이란 무엇일까? 그리고 직접 대면의 형태는 네 가지가 있다고 했는데, 나머지 하나는 무엇일까? 이어지는 제5절에서 "지식"에 대해 먼저 다룬 다음, 제7절에서 네 번째 직접 대면의 형태를 알아보자.

▌ 제5절 확실한(certain) 합리적(rational) 믿음(belief), "지식(knowledge)"에 대하여

"지식"의 조건 (1) = 확실한 합리적 믿음

경이롭고 아름다운 세상에 존재하는 모든 것에 광적인 호기심을 품은 학자를 생각해보라. 그는 '지식(knowledge)'에 대한 갈증에 끊임없이 그를 갈구할 것이다. 우리가 그런 학자는 아니더라도, 세상을 살아가며 많은 지식을 배운다. 그렇다면 지식이란 무엇인가? 케인스는 다음과 같이 말한다.

> The highest degree of rational belief, which is termed *certain rational belief*, corresponds to *knowledge*.
>
> : 가장 높은 정도의 합리적 믿음이 '확실한 합리적 믿음'이며, 이가 '지식'에 해당한다.

우리는 '지식'이 '확실한 합리적 믿음', 즉 가장 높은 정도의 합리적 믿음임을 알 수 있다. 그렇다면 '확실한(certain)'과 '합리적(rational)'이라는 것이 무엇인가? 우선 '합리적'이란 무엇인지 먼저 알아보자.

> If a man believes something for a reason which is preposterous or for no reason at all, and what he believes turns out to be true for some reason not known to him, he can not be said to believe it *rationally* although he believes it and it is in fact true.[20]
>
> : 만약 어떤 사람이 말도 안 되는 이유로 혹은 아무 이유 없이 어떤 것을 믿는다면, 그가 믿는 것이 그가 모르는 어떤 이유에 의해 참으로 밝혀진다고 할지라도, 그는 그것을 '합리적으로' 믿었다고 할 수 없다. 비록 그가 그것을 믿고,

---

[20] John Maynard Keynes, *A Treatise on Probability*, Cosimo Classics, 2007, p.10.

그것이 참으로 드러났을지라도 말이다.

　어떤 사람이 1＋1＝2임을 믿는다고 해보자. 그는 그저 선생님이 '일 더하기 일이 이'라고 말해서 믿는 것이다. 그는 "왜?"라거나 혹은 그 말 바탕에 있는 이유 따위는 전혀 묻지 않고, 그저 수용한 채 믿는다고 해보자. 그는 사과 하나에 하나를 더하면 사과 두 개가 되는 것을 실험해본 적도 없으며, 1＋1＝2가 되는 이유를 여느 수학자들처럼 고민해서 논리적으로 풀어낸 적도 없다. 그저 선생님이 '일 더하기 일은 이'라고 했기 때문에, 앵무새처럼 그것을 믿고 말할 수 있다. 과연 이 사람은 '합리적으로 믿고 있다.'라고 할 수 있을까? 그렇지 않다. 설사 아주 정확하고 확실하게 짜인 논리적인 이유를 통해 다른 사람이 1＋1＝2임을 참으로 밝혔다고 할지라도, 아무 이유 없이 혹은 그저 선생님이 말씀하셨다는 이유만으로 '일 더하기 일은 이'임을 믿은 그는 '합리적으로' 믿은 것이 아니다.

　이렇듯 '합리적'이라는 말은 어떤 믿음에 대한 이유와 관련이 있다. 그 믿음이 참일 수 있도록 지성적 혹은 이성적으로 뒷받침해주는 정당한 이유와 근거들이 있을 때, 합리적인 믿음이 된다고 할 수 있다. 예를 들어, A와 B라는 사람이 있다고 해보자. A라는 사람은 선생님이 '일 더하기 일은 이'라고 하자, 1과 2와 '더하기'의 의미를 떠올리면서, 사과 한 개와 사과 한 개를 같이 두면 사과 두 개가 되었던 경험을 떠올렸다고 하자. 그는 이러한 경험을 이유로, '일 더하기 일은 이'라고 믿게 되었다. 반면, B는 어떤 정보를 자신의 믿음으로 만들 때 매우 사려 깊은 사람이라고 해보자. 선생님이 '일 더하기 일은 이'라고 했을 때 그는 바로 믿지 않았을 것이다. A처럼 B는 사과 개수에 대한 경험을 통해 그를 믿을 이유 한 가지를 떠올렸다. 그러나 그는 그것만으로는 만족하지 않았다. 그는 '사과 한 개란 무엇인지, 숫자 1은 무엇인지, 사과 한 개랑 숫자 1은 무슨 관련이 있는지, 더하기는 무엇인지, 산술체계란 무엇인지' 등을 궁금해하기 시작했다. '일 더하기 일은 이'임을 믿기 위해 더 깊고 넓으면서도 지적인 이유를 찾기 시작한 것이다. B가 여러 호기심, 질문, 의심을 통해 '일 더하기 일은 이'임을 믿기 위한 정당한 이유들을 찾아낸 후, 그제야 1+1=2임을 믿는다고 해보자. 이때 B의 믿음이 더욱 합리적인 믿음이다. 즉, 합리적 믿음 중에서, 그 믿음을 뒷받침하는 이유들이, 그 믿음을 얼마나 더 확실하게 뒷받침할 수 있느냐의 정도에 따라 합리적 믿음의 정도(혹은 단계)가 달라지는 것이다.

케인스는 가장 높은 단계의 합리적 믿음이 바로 '확실한 합리적 믿음'이라고 했으며, 이를 바로 '지식'이라고 말했다. 즉, 어떤 이유들이 주어지면, '반드시, 필연적으로' 결론이 도출될 수 있을 때 '지식'이 되는 것이다. 이러한 지식에 비하여, 어떤 이유가 주어졌을 때, 어쩌면 A라는 합리적 믿음으로 이어질 수도 있겠다는 애매한 느낌이 들 수 있다. 즉, 개연성 있는 논리적 관계에 대한 느낌이 들 수도 있다. 바로 이때 A라는 합리적 믿음을 'probable degrees of rational belief(개연성 있는 합리적 믿음)'라고 부른다.

예를 들어, 어떤 노란 꽃을 보았다고 하자. 그리고 그 노란 꽃을 이리저리 관찰한 결과 그것이 우리가 아는 '개나리'의 본질에 들어맞는 것이었다고 해보자. 그러면 우리는 '이 꽃은 개나리이다.'라고 말할 것이다. 이 확실하고 합리적인 믿음은, 우리의 직접적 경험과 개념의 본질 파악을 통해 직접 알아낸 지식이므로, '직접적 지식'이다.

또 다른 예를 하나 더 들어보자. 우리가 흔히 아는 '소크라테스는 사람이다.' 그리고 '사람은 죽는다.' 그러므로 '소크라테스는 죽는다.'라는 논증을 생각해보자. 이 논증의 결론인 '소크라테스는 죽는다'는 앞의 두 전제를 통해 완벽하게 뒷받침되므로, 확실한 합리적 믿음, 즉 지식이라 할 수 있다. 또한 '소크라테스는 죽는다.'라는 결론은, 논증 때문에 간접적으로 얻어진 지식이므로, '간접적 지식'이다.

그러나, 이러한 예도 있을 수 있다. '오늘 비가 온다.', '어제 비가 왔다.', '그저께도 비가 왔다.' 그러므로 '내일도 비가 올 것이다.'라는 논증을 보라.

다음과 같은 논증에서의 결론은 지식이라고 할 수가 없다. 왜냐하면, 앞의 전제들이 모두 참이라고 할지라도, 결론이 참이 될 수 없으므로, 믿음을 뒷받침하는 이유가 확실하게 결론(믿음)을 뒷받침하지는 않는다. 이 경우, 내일 비가 온다는 믿음이 개연성 있는 합리적 믿음이 되는 것이다. 물론 내일 비가 온다는 믿음은 지식이 아니다. 왜냐하면, 확실한 합리적 믿음이 아니기 때문이다.

케인스는 어떤 믿음, 주장 혹은 논증이 얼마나 확실하게 합리적인가를 기준으로 총 세 가지로 나누었다.

(1) 어떤 전제로부터 결론이 반드시 수반되는 경우. 즉, 전제가 참이면 반드시 결론이 참일 때 = certain rational belief(확실한 합리적 믿음 =지식)
(2) 어떤 전제로부터 결론이 전혀 수반되지 않는 경우. 즉, 전제가 참이든 거짓이든, 결론에 아무런 영향을 미치지 않는 경우 = irrational belief(비합리적 믿음)
(3) 어떤 전제로부터 결론이 일부 수반되는 경우. 어떤 전제와 결론이 밀접한 연관성을 갖고는 있는 듯하나, 전제로부터 결론이 완벽히 도출되지는 않는 경우. 즉, 전제가 참이면, 결론도 반드시 참이라고 할 수는 없지만, 전제와 결론 사이의 미완성된 관계가 있다고 생각되는 경우 = probable rational belief(개연성 있는 합리적 믿음)

우리가 가지고 있는 전제들을 h라고 하자. 그리고 결론을 p라고 하자. 그리고 전제들이 결론을 끌어낼 수 있는 정도, 전제들 안에 결론이 녹아 있는 정도, 혹은 전제들이 참일 경우, 결론도 참이 될 수 있는 확률을 $a = \dfrac{p}{h}$라고 하자. 그렇다면 위의 내용을 다음과 같이 표현할 수 있다.

(1) certain rational belief(확실한 합리적 믿음 = 지식):

$$a = \frac{p}{h} = 1 = 100\%$$

(2) irrational belief(비합리적 믿음): $a = \frac{p}{h} = 0 = 0\%$

(3) probable rational belief(개연성 있는 합리적 믿음):

$$0 < a = \frac{p}{h} < 1, \text{즉 } 0\% < a = \frac{p}{h} < 100\%$$

첫 번째 경우에는, 전제들 안에 결론이 완전히 포함, 혹은 녹여져 숨겨져 있다. 이와 밀접한 연관이 있는 것이 "분석명제"일 것이다. 분석명제의 예로는, "비는 물이다."라는 명제이다. "비"라는 주어의 의미 혹은 개념의 의미로부터, "물"이 필연적으로 따라 나오기 때문에, 주어가 술어를 포함하고 있다고 할 수 있다. 즉, 개념의 의미 분석만 잘한다면, 주어로부터 술어를 필연적으로 끌어낼 수 있다.

두 번째 경우에는, 전제들 안에 결론이 전혀 포함되어 있지 않다. 예를 들어, "1+1=2이면, 1+1=3이다."와 같은 명제의 경우, 전제로부터 결론이 전혀 따라 나오지 않는다.

세 번째 경우에는, 주어진 전제들만으로는, 결론을 완전히 다 끌어내지 못하지만, 전제와 결론을 더욱 필연적으로 만들어줄 새로운 전제가 추가되면 (1)의 경우가 될 수 있는 경우이다.

예를 들어, 어떤 사람이 (1) "a는 b이다."라는 전제로부터, 직관적으로 "a는 d이다."라는 결론을 끌어냈다고 하자. 혹은 전제와 결론이 서로 밀접한 연관이 있는 것 같음을 직관했다고 하자. 여기까지만으로서는, 전제로부터 결론이 필연적으로 따라 나오지 않기 때문에, 확실하게 완벽한 합리적인 믿음이 될 수 없다. 즉, 확실한 합리적 믿음(certain rational belief)이 아니므로, "지식"이 아니다. 그러나 어느 날, 그가 (3) "c는 d이다."라는 것을 알아냈다고 하자. 그리고 새로운 c의 등장으로 인해, b와 c의 관계를 살펴보니,

(2) "b는 c임"을 증명해낼 수도 있었다고 하자. 그렇다면, 전제들은 총 3개로 확장된다. (1) "a는 b이다." (2) "b는 c이다." (3) "c는 d이다."가 되며, 따라서 완벽하게 필연적으로 "a는 d이다."를 도출할 수 있게 된다. 즉, 확실하고 완벽한 합리적인 논증이 완성된 것이다. 따라서 전제들이 결론을 일부만 수반하여, 확실하게 합리적인 논증은 되지 못하지만, 완벽해질 가능성이 있는 합리적인 논증도 매우 중요하다고 할 수 있다.

그러나 다시 짚고 넘어가자. 케인스에게 "지식"은 첫 번째 경우, 즉 완벽하게 합리적인 믿음의 경우만을 의미한다.

지식의 조건 (2) = 진실, 즉 "참"

··· knowledge of a proposition always corresponds to certainty of rational belief in it and at the same time to actual truth in the proposition. We cannot know a proposition unless it is in fact true.[21]

: ··· 하나의 명제로 표현되는 지식은 항상 '확실한 합리적 믿음'으로서의 '확실성'이 있다. 그리고 동시에, 사실적인 '참'을 포함하고 있다. 어떤 명제가 참이 아니면, 그 지식을 '안다'고 할 수는 없다.

케인스는 "어떤 명제가 참이 아니면, 그것은 알 수 없다. 즉, 그 명제는 지식이 될 수 없다."고 말한다. 케인스가 '지식'을 말할 때는 명백하게 '참인 명제'만을 말한다.

그렇다면 우리는 바로 그 참인 지식을 어떻게 알아낼 수 있을까? 케인스는 직접 아는 방법이 있고, 간접적으로 아는 방법이 있다고 말한다.

---

21) John Maynard Keynes, *A Treatise on Probability*, Cosimo Classics, 2007, p.11.

Part of our knowledge we obtain direct; and part by argument.

: 우리의 지식 중 일부는 '직접' 얻고, 나머지 일부는 '논증'을 통해 얻는다.

케인스의 '직접적 지식'은 직접 대면과 관조(정신적 본질 직관)라는 두 가지 요소에 의해 얻을 수 있는 완벽하게 합리적인 믿음이다. 주의해야 할 점은, 직접 대면만으로는 절대 지식이 될 수 없으며, 반드시 "관조"라는 단계를 거쳐야 한다는 것이다. 그럼 우리가 앞서 알아본 직접 대면 이외에, 직접적 지식을 얻기 위해 필요한 "관조"는 무엇인지 알아보자.

▌제6절 직접적 지식(Direct Knowledge):
직접 대면과 관조(정신적 본질 직관)

케인스는 직접 대면을 경험(experience)이라고도 표현했는데, 바로 이 직접 대면 혹은 경험이 직접적 지식을 형성하는 것에 있어서, 매우 필수적인 임무를 수행한다고 보았다. 그들은 지식을 위한 있는 그대로의 날 것의 재료를 주고, 지식을 검증할 수 있는 기준이 된다. 그러나 단지 경험, 감각, 지각, 직접 대면의 내용만으로는 필연적으로 참인 '지식'을 끌어낼 수는 없다고 보았다.[22]

예를 들어, 경험을 바탕으로 하는 귀납적 사고의 가장 대표적인 오류가 있다. 바로 검은 백조 이야기다. 어떤 사람이 백조의 색에 대해 지식을 얻

---

22) 새로운 경험은 새로운 본질, 개념, 지식을 알 수 있게 해주는 표지판이 된다. 단지, 케인스가 말하고자 하는 것은, 오직 '경험 또는 직접 대면'만을 통해서는 참된 지식, 개념, 본질에 다다를 수 없다는 것이다. 물론 경험과 개념이 서로 아주 밀접한 관련이 있음은 오히려 강조한다. 이러한 생각은 칸트가 앎을 얻기 위해 감성과 지성 모두를 주장한 것과 매우 닮았다. 칸트의 유명한 구절을 케인스식으로 바꿔보자면, "직접 대면한 내용이 없는 개념의 본질은 공허하고, 개념의 본질 없는 직접 대면한 내용은 맹목적이다."라고 할 수 있다.

고 싶어 한다고 하자. 그가 1,000마리의 백조를 보았을 때, 그 백조들은 모두 하얀색이었다. 따라서 1,000번의 경험들을 근거로 하여, "백조는 하얗다."라는 결론을 내렸다. 하지만 우연히 본 1,001번째 백조가 검은색인 게 아닌가? 그렇다면 "백조는 하얗다."라는 결론은 거짓이 된다. 따라서, 1,000번의 하얀 백조를 본 경험들이 모두 참이었다고 해서, "백조는 하얗다."가 참이 되지는 않는다. 즉, 유한한 경험들로부터 나온 결론은 항상 확실하게 합리적이진 않기 때문에, 지식이 될 수 없다.

그렇다면, 이 세상에 있는 모든 백조를 보았는데 하얀색이라면, 백조는 하얀색이라고 할 수 있는가? 이 또한 문제가 있다. 만약, 어제까지만 해도 이 세상 모든 백조가 하얀색이었으나, 오늘 태어난 백조가 검은색이라면 어떻게 되겠는가? 이처럼 경험들만으로는 확실하게 참인 지식을 끌어내기에는 불충분하다.

따라서 케인스는 앞서 살펴본 네 종류의 경험만으로는 확실하게 참인 지식을 구성할 수 없다고 보았다.

이러한 입장으로 볼 때, 케인스는 단순한 경험론자가 아니라 합리론자 혹은 절충적 입장이라고 판단하는 게 더 자연스러울 것이다. 왜냐하면, 경험론자는 감각적, 지각적 경험만으로도 우리가 참된 지식과 개념에 도달할 수 있다고 보았기 때문이다. 반면, 케인스는 직접 대면 혹은 경험한 자료들도 매우 중요하지만, 이들 자체만으로 본질을 담은 개념이나 참인 지식에 도달할 수는 없다고 보았다.

The actual constitution of the phenomenal universe determines the character of our evidence, but it cannot determine what conclusions *given* evidence *rationally* supports.[23]

---

23) R. M. O'Donnell, *Keynes: Philosophy, Economics and Politics*, Palgrave Macmillan, 1989, p.101.

: 실제 우주의 현상들은 우리의 증거자료가 될 수 있지만, 그 경험만으로는 주어진 증거자료로부터 무엇을 합리적으로 끌어낼 수 있는지를 결정하지는 못한다.

"However essential the data of experience may be, they cannot by themselves, it seems, supply us with what we want."

: "경험한 자료가 지식을 형성하는 데 매우 필수적인 역할을 하더라도, 그것들 자체만으로는 우리가 원하는 확실하게 참인 지식을 얻을 수 없다."

직접적 지식의 필수 요소:
Intuition = contemplation = The peering eyes of philosophy
= 철학의 눈, 직관 혹은 관조

Thus, by some *mental process* of which it is difficult to give an account, we are able to pass from *direct acquaintance* with things to *a knowledge of propositions* about the things of which we have sensations or understand the meaning.[24]

: 그러므로, 우리가 감각하거나 의미를 이해하는 것에 대한 '직접 대면'으로부터, 설명하기 어려운 어떤 정신(mental)의 과정을 통해, 명제로 표현된 '지식'으로 옮겨갈 수 있다.

Now our knowledge of propositions seems to be obtained in two ways: directly, as the result of *contemplating*[25] the objects of acquaintance.[26]

: 이제, 우리의 명제들로 표현된 지식은 두 가지 방법으로 얻어지는 것처럼

---

24) John Maynard Keynes, *A Treatise on Probability*, Cosimo Classics, 2007, p.13.
25) 관조(contemplation): 그 사물의 순수한 본질을 직접 "정신"을 통해 파악하는 것.
26) John Maynard Keynes, *A Treatise on Probability*, Cosimo Classics, 2007, p.12.

보인다: (그 중 첫 번째는) 직접적으로 얻어지며, 직접 대면을 한 대상들을 관조함으로써 얻어진다.

그렇다면 지식에 도달하기 위해서는 어떻게 해야 하는가? 그는 바로 마음의 능력, 정신적 능력(mental capacity)이 필요하다고 보았다. 이 용어와 유사한 의미를 지닌 많은 동의어를 케인스는 변주하여 사용하였으나, 그중 "직관(intuition)",[27] [28] [29] "관조(contemplation)", "철학의 눈(the peering eyes of philosophy)"이라는 세 가지 용어의 뜻을 중심으로, 설명하고자 한다. 케인스는 경험을 통해 얻은 자료 혹은 직접 대면을 통해 얻은 내용을 "정신 혹은 마음(mind)으로 정확하게 꿰뚫어 보아야 한다"고 말한다. 그리고 바로 이것이 철학자들의 의무라고 주장한다.

"… the philosopher's first duty is to spy out the land. He must train his perceptions to see the objects of experience *as they precisely are*; he must shake off the cloud of convention in which not only out mental powers but our organs of sensation are also involved. He must learn to *see precisely what is there*, cleared of all preconception and false association."[30]

---

27) Intuition is essentially a form of intellectual sight in which persons apprehend what is to be known by 'seeing' it with the mind (in a flash after a consid-erable expenditure of mental energy). (R. M. O'Donnell, *Keynes: Philosophy, Economics and Politics,* Palgrave Macmillan, 1989, p.91.)
   : '직관'은 본질적으로 지적인 통찰이며, 인간이 정신으로 바라봄을 통해 앎을 포착할 때를 말한다. 즉, 직관은 정신적 에너지를 충분히 소모한 후의 섬광과 같은 것이다.

28) 'a correct apprehension of the true course of events', a perception of 'what is going on under the surface, 'the true interpretation of the trend of things'. (R. M. O'Donnell, *Keynes: Philosophy, Economics and Politics,* Palgrave Macmillan, 1989)
   : '직관(intuition)'의 다른 이름으로는 '어떤 사건의 진실을 올바르게 포착하는 능력', '표면 아래에서 벌어지고 있는 일의 지각', '어떤 현상에 대한 참인 해석'이 있다.

29) 케인스는 직관을 '감성'의 영역이 아닌 '이성'의 영역으로 보았다.

: 철학자의 첫 번째 의무는 직접 대면 혹은 경험을 통해 얻은 자료들을 수집하는 것이다. 그 다음 그는 경험이 준 자료들을 "정확하게 있는 그대로" 볼 수 있기 위해 있는 힘껏 노력해야 한다; 그는 우리의 지성(이성)과 감성이 모두 편안하게 안착하여 있는 관습에서 벗어나야 한다. 그는 선 개념이나 혹은 잘못된 연상에게서 벗어나, "정확하게 무엇이 존재하는지"를 보는 방법을 배워야 한다.

"… we are capable of direct knowledge about empirical entities *which goes beyond a mere expression of our understanding or sensation of them*."[31]

: "우리는 독립체(혹은 실체)들에 대한 직접적 지식을 알아낼 수 있다. 그리고 이 직접적 지식은 독립체(혹은 실체)들에 대한 이해나 감각을 단순히 표현하는 것을 넘어선 것이다."

when we perceive the *nature of our phenomenal experiences*, we have a direct assurance that in their case also the assumption is legitimate. We are capable, that is to say, of direct synthetic knowledge about the *nature of the objects of our experience*.[32]

: 우리가 어떤 경험과 현상의 본질을 꿰뚫어 포착해낼 때, 그 가정이 합당한지 아닌지에 대한 직접적인 보장을 받을 수 있다. 즉, 우리는 우리의 직접 대면(경험)의 대상들의 '본질(nature)'에 대한 직접적이고도 종합적인 지식이 가능하다.

케인스의 이러한 주장은 플라톤의 이데아론을 떠올리게 한다. 플라톤

---

30) R. M. O'Donnell, *Keynes: Philosophy, Economics and Politics*, Palgrave Macmillan, 1989, p.91.

31) John Maynard Keynes, *A Treatise on Probability*, Cosimo Classics, 2007, p.292.

32) John Maynard Keynes, *A Treatise on Probability*, Cosimo Classics, 2007, p.293.

의 '이데아(IDEA)'는 '보다, 알다'라는 뜻의 그리스어 '이데인(idein)'에서 비롯된 말로, 원래는 '보이는 것'을 나타내는 말이었다. 그러나 이로부터 더 발전하여, 이데아는 마음의 눈으로 보고 알 수 있는 사물의 순수하고 완전한 형태를 가리키게 되었다. 인간이 존재하는 현상의 세계로부터, 정확하게 있는 그대로 관조(contemplation)해서 알아낸 현상들의 원형이 바로 이데아다. 플라톤은 현상들은 계속해서 생성하고 변화하지만, 이데아는 절대적이고 불변하며 영원하다고 보았다.

케인스가 주장한 "철학의 눈"이 플라톤의 "이데아 혹은 본질을 보는 능력"과 완전히 똑같진 않을지 몰라도 매우 유사해 보인다. 케인스도 현상, 경험, 직접 대면한 내용을 정확하게 관조하여, 그들 배후에 있는 원형 혹은 본질을 이성으로 직관해야 한다고 생각했다. 현상들을 만들어내고 있는 근본적인 것, 원형, 본질은 칸트의 '물자체', 러셀의 '물리적 대상'의 개념과도 매우 유사하다고 할 수 있겠다.

여기까지의 설명만 들으면, 의문이 들 수가 있다. '본질', '원형', '근본', '이데아', '물자체', '물리적 대상'과 같은 말들이 대체 무엇인지 이해하기가 쉽지 않다는 것이다. 이 질문을 해소하기 위해 설명을 추가해보자. 우선 사전적 의미로는, "본질이란, 사물이나 현상을 성립시키는 근본적인 성질"이다. 우리가 경험하는 현상, 현실을 근본적으로 만들어내고 있는 것이 '본질', '원형', '물리적 대상'인 것이다. '본질'이라는 개념을, 우리가 경험하는 현상과 현실 안에 지구의 내핵처럼 견고하게 자리 잡고 있는 것이라고 이해해도 좋고, 강력한 힘을 가진 중심축인 '본질'을 중심으로, 현상들이 끌어당겨져 주위를 맴돌고 있다고 설명해도 좋을 것이다.

예를 들어, 노란 민들레꽃의 다채로운 노란색들, 향긋한 향기들, 여러 꽃잎의 형태들, 부드럽고 촉촉한 촉감들을 근본적으로 창조해내고 있는 내핵과 같은 것이 노란 민들레꽃의 '본질'인 것이다. 우리가 '노란 민들레 꽃이란 무엇인가?'라고 물을 때는, 현상의 내용이나 형식이 아니라, 그 현상들 모두를 관장하고 있는 가장 깊숙한 어떤 것을 물어보고 있는 것이다. 즉, 노란 민들레 꽃이라면 반드시, 본질적으로 그럴 수 밖에 없는 것, 뿌리와 씨앗이 되는 것을 찾아내는 것이다. 또 다른 예로, '나는 누구인가?'라는 질문을 스스로 던진다고 해보자. '나'의 본질을 묻는 이 질문에 답하려면, 나라는 개체와 관련해서 일어나고 있는 모든 현상들을 만들어내고 있는 가장 근본이 되는 것을 찾으려는 것이다. 혹은 어떤 새싹을 생각해보자. 이 새싹의 본질을 이루는 요소 중 하나가 '생존'이라면, 그 새싹과 관련되어 일어나는 모든 현상들은 '생존'으로 수렴되어 설명 가능할 것이다. 왜냐하면 모든 현상들이 '생존'이라는 본질에 의해 일어났기 때문이다.

Real Definition(실질적 정의)

케인스가 '본질'이라는 것이 존재하며, 그것을 포착할 수 있다고 생각한 또 다른 증거가 있다. 케인스는 "개념[33]에 대한 정의(definition)"가 본질을 담느냐, 담지 않느냐에 관한 논쟁에서, 전자의 입장에 속했다. 즉, 어떤 개념에 대한 의미는 그 개념의 본질을 담고 있는 '실질적 정의(real definition)'[34]라는 것이다. "X(개념)란 무엇인가?"라는 소크라테스와 같은 철학자의 질문에 대해, X란 무엇인지에 대해 정의를 내려야 한다면, 이때 정의는 개념에 대한 본질을 담고 있어야 한다는 것이다.

우리는 아직 철학이란 무엇인지, 철학자들은 누구인지에 대해서 다루지 않았지만, 대부분의 철학자는 "X는 Y다."라는 기존의 정의를 그저 수용하

---

33) 케인스는 '개념'이 '본질'을 가진 것으로 이해했다. 흐릿하고 엉클어진 직접 대면의 내용으로부터, 이성으로 본질을 포착하면, 우리는 '개념'을 형성할 수 있게 된다. 그리고 개념의 본질에 대한 반성적 사고로부터 우리는 직접적 지식을 알아낼 수 있다.

34) 실질적 정의는 (1) 정의되고 있는 것에 대한 본질(real nature)을 담고 있어야 하며 (2) 따라서 진실(참)이어야 하고 (3) 실재를 향한 탐구로부터의 발견이어야 한다. (4) 순수한 생각이 그 본질을 포착할 때까지 지속적인 노력이 필요하며 (5) 발견은 궁극적으로 직관적으로 이루어진다. 오직 정신만으로 본질을 보게 된다. (EP. 337-338)

지 않고 "왜 반드시 X는 Y이어야 하는가? Z일 수는 없는가? W일 수는 없는가?"에 대한 의문을 품는다. 그리고 X에 대해 능동적으로 알아내기 위해, 우선 X의 기존 의미를 정확하게 이해한다. 만약, X의 기존 의미에 불만을 품게 되면, 즉 X의 본질이 Y가 아님을 보거나 알게 되면, 그들은 X에 대한 새로운 실질적 정의를 내린다.

물론 철학자들은, 다양한 경험들과 직접 대면한 내용이 가득한 땅에서, 세상에 대한 본질을 직접 포착하여, 새로운 개념을 창조하고, 실질적 정의를 내릴 수도 있다.

의미 이해 ≠ 개념의 본질 통찰

여기서 하나 주의해야 할 것은, 앞서 살펴본 직접 대면의 두 번째 형태인 "기호의 의미를 이해하는 것"과 "개념의 본질을 꿰뚫어보는 것"을 혼동하면 안 된다는 사실이다. 즉, '인간'이라는 기호의 의미를 이해하는 것과, '인간이란 무엇인가'에 답할 수 있는 것은 다르다는 것이다.

우리는 특정 기호의 의미를, 반복되는 관념들의 공통된 부분들을 포착하면서 이해해낸다. 예를 들어, 아직 '사과'라는 단어를 모르는 어린아이를 생각해보자. 그 아이가 '사과'라는 단어를 사용하게 하려면, 우리는 실제 사과들을 이곳저곳에서 볼 때마다 "이것은 사과이다."라고 말해준다. 그래서 아이는 매번 사과를 볼 때마다 만들어진 여러 감각으로부터 '관념들' 혹은 '생각들'을 머릿속에 가지게 된다. 그리고 바로 그 관념들, 생각들의 공통된 부분이 점차 인지되기 시작하면서, 결국 기호 '사과'와 머릿속의 공통된 관념을 서로 연결한다. 바로 이때, 그 아이는 기호 '사과'에 대한 의미를 이해 혹은 직접 대면했다고 할 수 있다.

그렇다면 동시에, 아이는 '사과'에 대한 본질(essence)도 포착한 것일까? 그렇지 않다. 아이에게 소크라테스가 "사과란 무엇인가?"라고 했을 때, 아이는 문장 속 '사과'가 무엇을 뜻하는지는 알고 있을지 몰라도, '사과'라는 개념의 본질이 무엇인지를 쉽게 답할 수는 없다.

물론, '사과'의 의미를 이해하는 것과 '사과'라는 개념의 본질을 알아차리는 것은 밀접한 관련이 있다. 다만, 의미를 이해하는 것이 개념의 본질을 포착하는 것의 필요충분조건이 아니라는 것이다. 좀 더 쉽게 말하자면, 우리가 가지고 있는 '사과'에 대한 의미들 혹은 관념들은 서로 다 다르지만, '사과'의 본질은 누구에게나 절대적이고 객관적이라는 것이다.

정리하자면, 케인스는 "직접적 지식(Direct Knowledge)"이란, 직접 대면한 내용과 이를 관조하여 본질을 꿰뚫어낼 수 있는 능력, 이 두 가지 요소들을 통해 만들어진다고 주장한다. 즉, 현상을 직접 대면하고, 그로부터 본질을 직관했다면, 그것으로 만들어진 명제는 반드시 확실한 참이며, '지식'이다.

Direct knowledge = Self-evident Knowledge:
모든 직접적 지식은 스스로 자명한 지식이다.

케인스는 모든 직접적 지식은 스스로 자명한 지식이라고 주장하였다. 스스로 자명한 지식이란, 자신의 참을 위하여 논리적으로 다른 명제들이 필요하지 않은 것이다. 스스로 자명한 지식의 예로는 실질적 정의와 같은 것이 있으며, 자신의 참을 증명하기 위해, 직접 대면한 내용과 직관을 통한 그들의 본질 혹은 개념 포착 이외의 것을 필요로 하지 않는 것을 말한다. 다음에서 이러한 케인스의 생각을 읽을 수 있다.

All knowledge, that is to say, which is obtained in a manner strictly direct by contemplation of the objects of acquaintance and without any admixture whatever of argument and the contemplation of the logical bearing of any other knowledge on this, corresponds to certain rational belief and not to a merely probable degree of rational belief.[35]

: 즉, (1) 직접 대면한 것들을 직접 관조하여 얻은 모든 지식 (2) 어떤 논증도 혼합되지 않은 지식 (3) 명제들 사이의 논리적인 관계에 대한 직접적 지식이 필요하지 않는 지식(즉, 직접적 지식)은 '그럴듯한 믿음'이 아니라 '확실하게 합리적인 믿음'이다.

케인스는 앞서 네 가지 직접 대면(감각, 의미, 지각, 논리적 관계 포착)과 그에 대한 본질 파악으로 알아진 직접적 지식은 '증명'될 수 없다고 보았다. 따라서 이러한 종류의 직접적 지식은 증명이 아니라 '주장' 혹은 '설득'할 수밖에 없는 것이다. 자신이 직접 대면 및 통찰을 해서 알아낸 바를 잘 설득하고, 그들을 그대로 전달할 수 있는 능력[36]이 철학적인 토론에서의 가장 중요하고 핵심적인 자질이라고 보았다. 또한, 나중에 또 살펴보겠지만, 경제학에서도 바로 이 설득의 능력이 매우 중요하다고 보았다.

▌제7절 직접 대면의 네 번째 형태: 명제들 사이의 논리적 관계
(probability – relation)

앞서 지식에는 직접적 지식과 간접적 지식이 있다고 하였다. 직접적 지식은 직접 대면과 직관(본질을 꿰뚫는 능력)을 통해 알 수 있다고 정리하였다. 다만, 이렇게 얻은 지식을 '직접적'이라고 한 이유는 우리가 직접 대면한 것에 대한 통찰로 곧바로 얻을 수 있는 지식이었기 때문이다. 그러나 우리의 지식은 이러한 종류말고도 더 넓은 범위를 가지고 있다. 예를 들어, 우리는 수학과 과학의 많은 이론, 법칙, 원리들을 구성하는 명제를 대부분 직접 알 수는 없다. 뉴턴의 만유인력 법칙, 다윈의 진화론, 수학자 오일러의

---

35) John Maynard Keynes, *A Treatise on Probability*, Cosimo Classics, 2007, p.17.

36) Agreement between parties is reached when they 'see' the same thing, when there is 'a meeting of minds'.

정리, 지구가 태양을 돈다는 지식 등을 직접적 지식이라고 말할 수 있을까? 예를 들어, 지구가 태양을 돈다는 것은 우리가 그것을 직접 보고 통찰했기 때문에 알아낸 지식이 아니다. 아주 많은 지식은 중간 매개 역할을 하는 다른 명제나 지식으로부터 논리적으로 추론되어 간접적으로 알게 된 것이라 할 수 있다. 케인스는 이러한 지식을 '간접적 지식(indirect knowledge)'이라고 불렀다.

간접적 지식에 이르기 위해서는 우선 이미 확실한 지식으로 구성된 전제들이 필요하다. 이 전제들은 앞서 말한 직접적 지식 혹은 이미 확실히 참이라고 증명된 다른 간접적 지식으로 구성된다. 케인스는 이러한 전제가 되는 지식을 주로 h로 표현했다.

우리는 앞서, "직접 대면" 할 수 있는 세 가지 형태인 감각, 지각, 관념 또는 의미에 대해 알아보았다. 이어지는 네 번째 직접 대면의 대상은 '명제들 사이 논리적 관계(probability−relation)'이다. 말 그대로 '명제들 사이의 관계'와 관련한 직접 대면인 만큼 '간접적 지식' 및 논증과 밀접한 관련이 있다. 따라서 지식 및 직접적 지식을 다룬 후, 간접적 지식을 본격적으로 다루기 전인 제7절에서 다루게 된 것이다. 이제 '명제들 사이의 논리적 관계'를 직접 대면하고 직관한다는 것이 무엇인지를 알아보자.

예를 들어, '오늘은 비가 온다.' 그리고 '어제도 비가 왔다.' 그리고 '그저께도 비가 왔다.'라는 전제들로부터, '내일은 비가 온다'라는 결론으로 이어지는 사고를 했다고 하자. 여러분은 '어? 오늘, 어제, 그저께 비가 왔다고 꼭 내일 비가 온다고 할 수 있나?'라는 의심을 할 수 있을 것이다. 바로 이때가 명제들 사이의 논리적 관계를 직접 대면한 순간이다. 전제들과 결론 사이의 논리적 관계가 '확실하고 필연적으로', 즉 100%를 완벽하게 보장하는 관계로 이어져 있지 않음을 직접 알아차린 것이다.

또 다른 예를 들어보자. 소크라테스가 죽는다는 것을 부정하고 싶은 한 제자가 있다고 생각해보자. 그러나 이 제자에게 소크라테스가 이렇게 말했다고 해보자. "소크라테스는 사람이다. 그리고 사람은 모두 죽는다. 그러므로 소크라테스는 죽는다." 이 말을 제자가 들었을 때, 전제가 맞았다면, 어쩔 수 없이 소크라테스가 죽는다는 결론을 받아들일 수밖에 없다고 느꼈을 것이다. 바로 이때가 전제와 결론 사이에 확실하게 논리적으로 필연적인 관계를 직접 대면한 순간이다.

케인스는 바로 이러한 직접 대면의 네 번째 형태에 가장 크게 주목했고, 전제와 결론 혹은 명제들 사이의 논리적 관계에 대한 직접 대면을 바탕으로 한 지식 또한 직접적 지식이며, 확실하고 합리적인 믿음으로 보았다. 케인스는 바로 이러한 감각, 관념(의미), 지각, 논리적 관계들의 "직접 대면"으로부터 우리의 '앎'을 시작해야 한다고 주장했다.

logical relation, probability, and secondary proposition:
전제들과 결론 사이 '논리적으로 연결된 힘'을 알아내는 능력

간접적 지식을 만들기 위한 두 번째 필수 요소로 소개하는 것이 케인스의 『확률론』의 독특함을 설명해준다. 그것은 바로 전제들과 결론 사이에서 그들이 서로 '논리적으로' 연결된 정도(degree)를 알아차리는 능력이다. 이 능력은 전제와 결론 사이의 필연성의 정도를 인식함으로써, 그 둘이 완전히 필연적으로 연결되기 위해서는 어떤 지식이 더 필요한지에 대한 방향성을 제공해줄 수 있다.

예를 들어, [전제] 사과는 빨갛다 → [결론] 바나나는 노랗다는 전제와 결론이 있다고 생각해보자. 사과가 빨간 것이 참이라면, 바나나가 노랗다는 것이 참임이 자연스레 연결되어 나오는가? 우리는 직관적으로 아니라고 생각할 것이다. 사과가 빨갛다고 해서, 바나나가 반드시 노란색이어야 할 필요는 없다고 주장할 것이다.

그렇다면, [전제] 모든 사람은 죽는다 → [결론] 소크라테스는 죽는다는

어떤가? 모든 사람이 죽는 것이 참이라면, 소크라테스는 죽는다는 결론이 필연적으로 따라 나오는가? 만약 당연히 그렇다고 생각했다면, 우리가 '소크라테스는 사람이다'라는 지식을 알고 있었기 때문이다. 그러나 만약 아주 논리적인 외계인이 이 전제와 결론을 본다면, 위의 사과와 바나나 예시보다는 좀 더 논리적일지 모르지만, 여전히 완벽히 필연적이라고 생각하지는 않을 것이다. 왜냐하면, 그들은 소크라테스가 사람이라고 단정하지 않기 때문이다. 소크라테스가 사람이 아닐 수도 있다는 가능성을 염두에 두고 있으므로, 두 번째 예시도 완벽히 필연적인 관계는 아니다.

그렇다면, [전제1] 소크라테스는 사람이다. [전제2] 모든 사람은 죽는다. → [결론] 소크라테스는 죽는다. 라는 예시는 어떤가? 논리적으로 생각할 수 있는 존재자라면 누구나 너무 당연히 전제가 참이면 결론도 참이 될 수밖에 없다고 주장할 것이다.

우리는 이렇듯, 직접, 전제와 결론 사이에 필연성이 어느 정도 있는지, 얼마나 서로가 서로에게 논리적으로 연결되어 있는지에 대해 느낀다. 케인스는 이러한 전제와 결론 사이의 논리적 관계를 감각, 의미, 지각처럼 직접 대면한다고 생각했다. 전제와 결론이 주어졌을 때, 우리는 순간적으로 그들 사이의 논리적 연결성을 느낄 수 있다는 것이다.

단지 감각, 의미 이해, 지각이라는 세 종류의 직접 대면과 논리적 관계 직접 대면은 약간의 차이가 있다. 앞선 세 가지는 주로 논증들의 가장 밑바탕에 있는 전제가 되는 지식을 만들어낸다. 반면 명제들 사이의 논리적 관계에 대한 직접 대면은 전제와 결론 사이를 이어주는 지식 혹은 명제들을 만들어낸다.

케인스는 'Science and Art'에서 과학자의 활동에 대한 묘사를 다음과 같이 설명했다.

He is presented with a mass of facts, possessing similarities and differences, arranged in no kind of scheme or order. His first need is to perceive very clearly the precise nature of the different details. After concerning himself with this precise and attentive perception, he holds the details together clearly before his mind and it will probably be necessary that he should keep them more or less before his mind for a considerable time. Finally he will with a kind of sudden insight see through the obscurity of the argument or of the apparently unrelated data, and the details will quickly fall into a scheme or arrangement, between each part of which there is real connection.[37]

: 유사점과 차이점을 모두 가지고 있으며, 어떠한 구조나 질서도 아직 보이지 않는 아주 많은 사실들을 그는 맞닥뜨린다. 그가 첫 번째로 해야 할 일은 맞닥뜨린 사실들을 아주 상세하게 살피고, 그들의 정확한 본질을 명확하게 통찰해내는 것이다. 그 스스로 아주 정확하게 집중하여 통찰한 후에는, 그는 모든 상세한 내용을 그의 정신 속에 명료하게 담는다. 이 상태로 꽤 상당한 시간이 지날 것이다. 마침내 그는 어떤 반짝이는 통찰력을 통해 겉보기에는 서로 관련이 없던 주장들이나 자료들의 모호함을 뚫고 나올 것이다. 그리고 자세한 내용들이 아주 빠르게 서로 실질적인 관계를 맺어가면서 질서 지워질 것이다.

직관(intuition)할 수 있는 힘이 있던 천재 과학자들

케인스는 직관이 모두에게 똑같이 완벽히 발달한 것은 아니라고 생각한다. 그는 특히 '천재들'에게서 이러한 직관의 힘이 잘 나타난다고 주장했다.

(1) Freud(프로이트)

케인스는 프로이트가 직관에 매우 뛰어난 심리학자였다고 주장했다. 1925년에 그는 프로이트를 '인간의 심리에 대한 완전히 새로운 진실을 발견

---

37) R. M. O'Donnell, *Keynes: Philosophy, Economics and Politics*, Palgrave Macmillan, 1989, p.101.

해낸 혁신적 천재'라고 묘사했다.

(2) Newton(뉴턴)

케인스는 물리학자 뉴턴도 직관에 매우 뛰어난 자연과학자였다고 주장
했다.[38]

I believe that the clue to his mind is to be found in his unusual powers
of continuous concentrated introspection⋯. His peculiar gift was the
power of holding continuously in his mind a purely mental problem
until he had seen straight through it. I fancy his preeminence is due to
his muscles of intuition being the strongest and most enduring with
which a man has ever been gifted⋯. I believe that Newton could hold
a problem in his mind for hours and days and weeks until it surren-
dered to him its secret. Then being a supreme mathematical technician
he could dress it up⋯. for purposes of exposition, but it was his in-
tuition which was pre-eminently extraordinary.[39]

: 그(아이작 뉴턴)의 위대한 정신의 비밀은 계속해서 성찰에 집중할 수 있는
비범한 능력에 있다고 나는 믿는다. 그의 독특한 재능은, 그가 순수하게 사유
와 관련된 문제를 꿰뚫어 똑바로 볼 수 있을 때까지 계속해서 그 문제를 정신
과 마음속에 담아두는 힘에 있었다. 나는 그의 직관력이 가장 강하고 가장 오
래 지속하였기 때문에 그가 아주 탁월한 사람이라고 생각한다. 나는 뉴턴이
그가 품은 질문이나 문제가 그에게 항복할 때까지 몇 시간, 며칠, 몇 주 동안
마음에 품을 수 있다고 믿는다. 그런 다음 최고의 수학적 기술자로서 그는 그
것을 설명할 목적으로 옷을 입히듯 정리할 수 있었지만, 탁월하게 비범했던
점은 그의 직관력이었다.

---

38) 케인스는 뉴턴에 대한 전기를 논문 형식으로 썼을 정도로, 뉴턴에 관심이 매우 많았다.
39) R. M. O'Donnell, *Keynes: Philosophy, Economics and Politics*, Palgrave Macmillan,
1989, p.213.

케인스는 뉴턴을 '몇몇 경험과 관찰을 통한 자료들로부터 순수한 정신의 작용으로, 하늘의 비밀을 풀어낸 자'라고 특징지었다. 그는 뉴턴이 경험세계를 직관하는 정신의 능력을 통해 과학적 지식을 알아냈다고 묘사했다. 여기서 잠시 의문이 들 수 있다. 직관 및 통찰력은 '철학의 눈'으로 표현되면서, 철학자들의 능력으로 앞에서 설명된 것 같은데, 왜 뉴턴과 같은 위대한 자연과학자가 그런 '철학의 눈', '직관'을 가지고 있다고 예시를 드는지 말이다.

　자연과학과 철학적 직관은 어떤 관련이 있는 걸까? 아주 뛰어난 천재 과학자들인 알베르트 아인슈타인, 갈릴레오 갈릴레이, 마리 퀴리, 베르너 하이젠베르크 모두는 철학 고전에 매우 심취했던 자연 과학자들이었다.[40] 어떤 현상의 본질을 꿰뚫어 내는 직관의 힘은 그 본질을 중심으로 엮여져 있는 근본적 원리와 법칙들을 발견해내는 데 매우 긍정적인 영향을 끼칠 수 있다. 왜냐하면, 질서 지워진 논리적 방식(원리나 법칙)의 중심에 관련 개념들의 본질이 굳건히 자리잡고 있기 때문이다.

　쉬운 이해를 위해, 간단한 비유를 해보자. '본질'이 중심의 응축된 에너지 덩어리이고, '논리적 관계, 원리들'이 실들이라고 해보자. 중심의 응축된 에너지 덩어리를 실들이 감고 있다면, 중심 에너지의 운동에 따라 실들이 서로 엮이는 모양이 달라진다. 마치 에너지와 실의 관계처럼, 개념의 본질과 논리적 법칙, 원리들은 관계를 맺고 있다는 것이다. 그러므로 철학의 눈으로 알아낸 본질로부터 과학적이고 논리적인 법칙들 및 원리들에 대한 영감을 얻을 수 있다는 것이다.

　또한 심지어 예술도 자연과학과 관련이 있다. 자연과학자들도 예술가들만큼은 아니더라도 어느 정도 현실 세계를 풍부하게 직접 대면해야 한다는 것이다. 풍부한 감각과 지각을 통해 세계에 대한 자료들을 얻어야, 그 자료들로부터 사유를 통해 결국 어떤 본질적인 원리, 근본적인 법칙을 발견해낼

---

40) 이지성, 『리딩으로 리드하라』, 차이정원, 2016.

수 있기 때문이다.

그러나, 과학을 과학으로 만들어주는 좀 더 중요한 것이 있다. 자연과학자들은 그것들을 연역의 세계에서 완벽하게 '논리적으로 증명' 해낼 수도 있어야 한다. 논리적으로 증명되지 않은 이론이나 법칙은 자연과학에서 받아들여지기가 어렵다. 특히나 이후에 알아보겠지만, 자연과학과 유사하면서도, 다른 흐름으로 뻗어나가는 '도덕과학'과 비교해본다면, 자연과학은 보다더 정확하고 완전한 논리로 설명하려 노력하고, 그렇게 증명된 이론과 법칙만을 인정하므로, 합법칙적이고 체계적인 엄밀성이 더욱 중요하다는 것이다.[41]

제8절 간접적 명제(Indirect Knowledge)

많은 사실들, 명제들, 지식들 속에서 그들의 논리적 관계에 대한 직관을 발판 삼아, 간접적 지식을 발견해내고 논리적으로 짜임새 있게 증명하는 능력은 특히 수학과 과학에서 매우 필요해 보인다. 수학은 이미 자명한 정의와 공리들을 부정하거나 의심하고, 성찰하지는 않는다. 오히려 어떤 것이 참이라고 가정했을 때, 이끌어져 나올 수 있는 많은 이론, 정리들을 발견하려고 노력한다. 이를 위해서는, 수많은 지식, 명제 중에서 어떤 조합이 서로 필연적으로 논리적인 관계를 맺고 있는지를 한 번에 알아볼 수 있는 직관이 필요하다.

---

41) 아주 완벽하게 논리적이고 필연적인 흐름으로 증명하려는 자연과학과 비슷하게 가지만, 100% 완벽하게 논리적으로 설명해낼 수는 없는 것들을 다루는 학문을 케인스는 '도덕과학'이라고 불렀다. '과학'이라는 점에서는 자연과학과 도덕과학 모두 논리를 중요하게 생각하지만, 정확하고 빈틈없는 논리로 설명되는 자연과학과는 달리, 인간의 주관적 요소가 개입하여 모든 것이 논리적으로 설명되지는 않는 도덕과학도 존재한다. 그 도덕과학의 가장 대표적인 예가 '경제학'인 것이다. 이 부분은 케인스의 경제철학, 제3장에서 보다 자세히 다뤄보자.

과학에서도 마찬가지다. 뉴턴은 사과가 땅에 떨어지기 전에, 수많은 지식과 명제들의 조합이 '만유인력의 법칙'과 맺는 논리적 연결성을 직관했을 것이다. 그러나 그들은 완벽하게 필연적이지는 않았을 것이다. 그러나 어느 날 문득 사과가 땅에 떨어진다는 사실 자체가 주는 지식이 기존의 전제들과 함께 어울리면서 완벽하게 필연적으로 '만유인력의 법칙'을 끌어낼 수 있게 된 것이다. 만유인력 법칙의 주변에서(about proposition) 만유인력 법칙 자체로(of proposition) 이동하는 순간이다. 사과가 땅에 떨어진다는 바로 그 사실과 이미 알아낸 여러 명제가 맺는 논리적 관계에 대한 뛰어난 통찰력이 뉴턴에게 없었다면, 사과가 땅에 떨어진다는 사실을 자신의 법칙을 발견하는 데 이용할 수 없었을 것이다.

지금까지의 내용을 저자가 그린 그림과 케인스의 말로 정리하자면 다음과 같다.

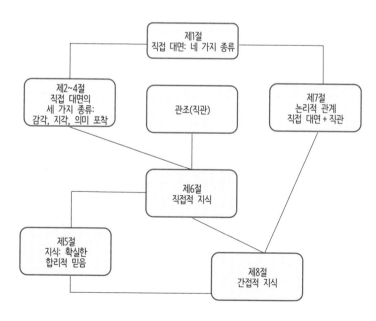

['케인스의 인식론' 요약 및 정리]

In order that we may have a rational belief in a proposition p of the degree of certainty, it is necessary that one of two conditions should be fulfilled — (i) that we know p directly; or (ii) that we know a set of propositions h, and also know some secondary proposition q asserting a certainty-relation between p and h. In the latter case···. it is a necessary condition that all the propositions h should be known. In order that we may have rational belief in p of a lower degree of probability than certainty, it is necessary that we know a set of propositions h, and also know some secondary proposition q asserting a probability-relation between p and h.[42]

: 우리가 확실한 합리적 믿음, 즉 '지식'인 p를 가지려면, 두 가지 조건 중 하나가 충족되어야만 한다. (1) 우리가 p를 직접 안다. 혹은 (2) 우리가 일련의 명제들 h를 알고, 또한 우리는 결론 p와 전제 h 사이의 "논리적 확실성 관계"를 말하는 q를 안다. 두 번째의 경우에, 모든 전제 h는 이미 알고 있어야 한다. 만약 전제 h와 결론 p의 관계가 필연적인 관계, 즉 확실한 관계가 아니라 개연성 있는 확률적인 관계라면, 우리는 결론 p에 대한 합리적 믿음을 가지기 위해, 전제 h와 결론과 전제의 논리적 관계를 말해주는 2차 명제 q를 알아야 한다.

---

42) John Maynard Keynes, *A Treatise on Probability*, Cosimo Classics, 2007, p.17.

제2장
케인스의 인식론과 예술·철학·과학

제1장에서 우리는 케인스의 인식론에 대해 다루어 보았다. 이미 눈치챈 독자들도 있겠지만, 케인스의 인식론 속 직접 대면, 경험, 감각, 개념, 본질, 실질적 정의, 통찰력, 직관, 논리적 관계, 간접적 지식 등의 개념들은 "예술, 철학, 과학"과도 밀접한 관련이 있다. 이제 제2장에서는 예술, 철학, 과학이란 무엇인지, 그리고 앞서 살펴본 케인스의 인식론과 이들은 어떤 관계가 있는지에 대해 본격적으로 살펴보고자 한다. 특히, 예술, 철학, 과학이란 무엇인지에 대해 답하기 위해서, 케인스의 의견을 중심으로 하되, 저자의 의견도 덧붙여 나름의 최종적인 답을 내려보고자 했다.

먼저 글의 흐름을 간략히 살펴보자. 우리는 우선, 케인스가 생각하는 예술, 철학, 과학이란 무엇인지에 대해 살펴볼 것이다. 그 다음에는, 이들이 케인스의 인식론 속에서의 개념과 어떤 연관성이 있는지에 대해 알아보고자 한다. 즉, 예술, 철학, 과학을 케인스의 인식론 속에서 자리 잡게 하는 것이다. 이 부분은, 이후 제3장과 제4장에서 경제학의 무대로 넘어가 설명할 때, 케인스의 경제철학과 경제학과 예술·철학·과학의 관계를 이해하기 위한 중간 다리가 될 것이므로, 잘 이해해두는 것이 좋으리라 판단된다.

제1절 감각, 지각과 예술

예술이란 무엇인가?

"예술이란 무엇인가?" 이 거대한 질문에 대한 답을 한다는 것만으로도 이는 꽤 벅찬 작업이다. 이 질문에 대한 답을 본격적으로 다루는 학문은 "예술철학"이다. 예술철학은 예술작품을 예술작품으로 만들어주는 것은 무엇인지, 왜 누군가는 예술가이고 누군가는 아닌지, 예술작품을 감상한다는 것은 무엇인지에 대해 다룬다. 그리고 예술이란 무엇인가?에 대한 질문도 아주 상세하고 심층적으로 다루는데, 예술이란 '재현'이라고 대답하는 예술재현(representation)론, 예술이란 '표현'이라고 대답하는 예술표현(expression)론, 예술이란 '형식'과 밀접한 관련이 있다고 대답하는 예술형식(artistic form)론, 그리고 칸트 이래로 정립된 미학(aesthetics) 등을 중심으로 내용이 전개된다.

이렇게 거대한 질문과 거대한 답변들 속에서, 우리는 케인스의 예술과 미학에 대한 견해를 중심으로 살펴보고자 한다. 그리고 질 들뢰즈와 펠릭스 과타리의 『What is philosophy?(철학이란 무엇인가?)』도 부분부분 참고하고 케인스와 공통된 부분을 중심으로 이해하며 보다 개념을 확장해보고자 한다.

다시 말하겠지만, '예술이란 무엇인가?'(그리고 앞으로 살펴볼 '철학이란 무엇인가?', '과학이란 무엇인가?', '경제학이란 무엇인가?')라는 질문에 대한 답을 확실하고 명료하게 내리는 것은 저자에겐 매우 과분한 일이다. 그저 앞선 학자들의 아이디어를 따라가며, 저자의 경험과 사유 속에 성립되는 예술, 철학, 과학, 경제학을 함께 적어 내려가 보았다.

예술이란, 신체가 세계의 존재에 맞닿아 "감각 및 지각"하는 것

"그래, 시인이라는 자가 대자연이 준 최고의 권리를, 시인의 인권을, 헛되이 당신들 때문에 내동댕이쳐도 된단 말입니까? 대관절 작가는 무엇으로 만인의 가슴을 움직이지요? 무엇으로 지수 화풍 온갖 힘에 이겨내지요? 그것은 가슴에서 넘쳐나와 온 세계를 움직이고 그 가슴에 다시 휘감아드리는 조화의 힘이 아닐까요? 자연이 끝없이 긴 실을 무심히 꼬아서 물레에 감고 있을 때, 엉클어진 삼라만상의 잡다한 무리가 어수선하게 뒤섞여서 불쾌한 소리를 내고 있을 때, 언제나 변치 않는 단조로운 흐름을 구분 지어 리듬과 활기를 주는 것은 누구입니까? 따로따로 흩어진 것을 전체의 거룩한 질서 속에 불러들여, 장엄한 해음을 울리게 하는 것은 누구입니까? 누가 폭풍우를 끓게 하고, 저녁놀을 엄숙한 마음에 타오르게 합니까? 연인이 지나가는 길에 아름다운 봄날의 꽃을 피우게 하는 것은 누구지요? 누가 보잘것없는 푸른 잎을 엮어서 온갖 공적을 찬양하는 영예의 화관으로 만들지요? 올림포스 산을 지키고 신들을 모이게 하는 건 누구지요? 그것은 오직 시인에 의해서 실현되는 인간의 힘입니다."[43]

우리는 '세계' 속에서 살아간다. 푸른 나무, 지저귀는 새, 빨간 장미꽃, 웅장한 바다, 벅찬 태양, 벅차오르는 피아노 음악 소리, 똑딱이는 시곗바늘, 풀 내음, 출근길에 바삐 움직이는 사람들, 가을로 물든 대학 캠퍼스. 떠오르는 무엇이든 좋다. 세계는 이렇게 가득 채워져 있다. 그리고 그 세계와 만나는, 접하는 지점에 '내'가 있다. 나와 이 세계의 가장 기본적인 접촉이 있다. 그 접점에서 나는 세계가 되고, 세계는 내가 되며, 서로서로 향해 일치된다. 나의 정신과 신체 중에, 신체로서 이 세계를 맞닥뜨릴 때가 있다. 어떠한 관념이나 개념, 언어, 말, 어휘 없이 그저 신체로서의 내가 이 세상과 접하는 것이다. 그 순간 우리는 무언가를 느끼고 감각하고 지각하여도 이걸 무슨 말로 표현할지, 어떻게 설명할지 알 수 없다.

---

43) J. W. 괴테, 『파우스트』, 정광섭 옮김, 홍신문화사, 2011, pp.13-14.

예를 들어, 지리학자는 지리의 모습을 담은 사진을 찍고, 구조를 그리고, 추상화하며, 잘라내고, 분해하여 원리를 찾아낸다. 중립적이고, 객관적으로 오롯한 지성과 이성을 통해서 세상을 조각조각 분석하고 해석한다. 반면, 우리는 이런 지리학자가 되기 이전에 '풍경' 그 자체를 느낄 수 있다. 직접 그곳을 걸어 들어가 보고, 듣고, 느끼는 것 말이다. 멀찍이 거리를 두고 사유하며 그 세계와 관계 맺는 것이 아니라, 직접 그곳으로 들어가 온갖 신체를 이용해 바로 그 세계를 담아내는 것이다. 그게 지리학 이전의 '풍경'이다. 그리고 이 '풍경'을 오롯하게 그대로 담아내려고 노력하는 자, 그 자가 바로 예술가이다.

또 다른 예를 들어보자. "초원에서의 작열하는 태양"이라는 문구를 보았을 때, 우리는 충분히 어떤 느낌인지 예상할 수 있다. 그러나 그게 대체 뭐지? 그게 대체 어떤 느낌이지? 저 말의 이면에 있는 무언가는 대체 뭐지? 이러한 질문에 대한 답은 초원에서 작열하는 그 태양을 실제로 그리고 직접 자신의 온 신체로 지각해보지 않았다면, 알 수 없다. 그리고 그러한 감각, 느낌, 지각을 실제로 경험했다면, 그는 단순히 "초원에서의 작열하는 태양"이라고 표현하려 하지 않을 것이다. 그때 자신이 신체로 경험한 끓어오르는 느낌 혹은 인상적인 지각을 그저 그 자체로 드러내기 위해 말, 개념, 어휘, 관념, 설명은 아니라도, 다른 어떤 방법으로 있는 힘껏 표현하려 애썼을 것이다. 바로 이때 예술 작품이 탄생한다.

인상주의자들은 작업실에서 그림을 그리는 것이 아니라, 직접 자연을 보고, 풍경을 보고 느끼고 그 감각을 그대로 표현하기 위해 캔버스를 들고 밖으로 나갔다. 있는 그대로의 진짜 자연, 진짜 태양, 진짜 해바라기 밑에서 직접 느끼고, 경험하고, 감각하고 그것을 그리기 시작했다. 그리고 그들은 뛰어난 예술작품들을 많이 그려냈다.

하지만 여기서 후기 인상주의자의 대표 예술가인 폴 세잔은 더욱더 밀고 들어갔다. 세잔이 사과를 그린 그림은 매우 유명하며, 이는 (대부분의 감상자에 의해) 예술적으로도 매우 탁월하다고 칭찬받는다. 심지어 존 메이너드 케인스도 세잔의 사과 그림을 구매했던 것으로 알려졌다. 세잔의 사과 그림은 왜 예술 작품이 될 수 있었을까? 역사를 바꾼 세 개의 사과 안에 세잔의 사과가 들어갈 만큼 그의 작품은 왜 혁명적이면서도 진정한 예술 작품으로 평가받고 있는 것일까?

사과를 그리는 것은 화가들에게는 매우 쉬운 일인 것처럼 보일지 모른다. 그러나 세잔의 사과가 등장하기 전에는, 눈 앞의 사과, 사과의 실재, 물체성, 사과 그 자체에 대해 그리지 않았다. 사과가 감각적으로 보이는 대로만 그린 것이다. 물론 그 감각에 집중하여 밀고 나갈 수 있는 최대한으로 밀고 들어가는 것도 훌륭한 예술작품이 탄생할 수 있는 배경이 될 수 있다. 하지만 세잔은 사과가 자신에게 주는 감각들에 예민하게 집중했을 뿐만 아니라, 더 나아가 그에게 겉모습으로 보이는 것 너머의 사과 그 자체를 신체로 지각해내 그대로 그려내려고 노력했다.[44]

> "… 우리가 보는 모든 것들은 다 흩어져 버린다네. 자연은 늘 그대로지만 우리 눈에 보이는 것 중엔 그대로 머무르는 게 하나도 없지. 그래서 예술이란 자연의 순간적인 떨림들, 편린들, 변화의 모습을 보여주는 거라네. 그것을 영원히 맛볼 수 있도록 말일세…. 그래서 나는 떠도는 것들을 손에 잡으려 한다네."
> "그건 그림의 전경에서 커다란 소나무 한 그루가 가지들을 뻗고 있기 때문이야…. 하지만 이것은 눈의 감각일 뿐이야… 여기에는 악착스럽게 태양을 쫓는 소나무의 온통 푸른 향기와 아침마다 싱그러움을 더하는 풀밭의 초록 향기와 돌의 향기 그리고 멀리 생트빅투아르산에서 퍼져 오는 대리석의 향기들이 가미되어야 해. 그걸 빼먹었어. 하지만 그걸 고려하지 않으면 안 되네."
> "내가 자네에게 설명하려는 것은 더욱 신비스럽고 존재의 바탕에 닿아 있는, 손으로는 만질 수 없는 감각의 근원에 관한 거야."

---

44) 철학자들이 현상 너머를 정신으로 직관하려 했다면, 세잔과 같은 예술가들은 그것을 신체로 지각하려고 노력했다.

"게다가 우리가 일상적으로 움직이는 이 공간… 이 햇빛을… 그러니까 다시 말해… 우연히 비치는 광선과 태양의 위치와 그것의 침투 정도를, 세상을 향해 비치는 햇빛을 누가 그릴 수 있고 누가 묘사할 수 있을까? 이것은 물리학, 그러니까 땅의 심리학의 문제가 되고 말 걸세… 나는 이런 철학적인 원리들을 그림으로 찾아내고 있었던 거야…"

"우리를 둘러싼 환경의 섬세함을 바로 우리 정신의 섬세함일세. 그것들은 서로가 서로에게 영향을 미치지. 색은 우리의 두뇌와 우주가 만나는 자리야. 진정한 화가들에게 색이 그토록 드라마틱하게(극적으로) 느껴지는 이유도 거기에 있어. 저 생트빅투아르산을 보게나. 얼마나 기백에 차 있는가. 태양을 목말라 하며 우뚝 선 모습은 얼마나 당당한가. 하지만 저녁이 되어 무거운 적막이 내려앉을 때 산은 얼마나 우수에 차 있는가…"

"마치 내가 끝없이 무한한 색채로 덮여 있는 듯한 느낌이야. 바로 이 순간이네. 내가 그림과 하나가 될 수 있는 것은. 무지개빛으로 빛나는 카오스 상태라고나 할까. 내가 내 그림의 배경 앞에 서서 몰아의 경지에 빠지고 마는 거야… 공기처럼 떠돌던 색의 질서가 비로소 어둠과 완고한 기하학을 대체하는 거야. 모든 것이, 나무들과 들판과 집들이 유기적으로 배열되는 거야. 그러면 나는 본다네. 색채가 지리적인 뼈대와 기초공사와 데생 선으로 이루어진 세계를 파괴하고 무너뜨리는 것을."

"나는 인상주의를 박물관의 작품처럼 견고하고 지속적인 것으로 만들려 했네."[45]

세잔은 감각되는 것, 눈에 귀에 피부에 느껴지는 것 그대로의 표면을 포기하지 않은 채, 그 감각 너머의 대상의 있는 그대로의 존재와 맞닿아 있는 부분으로 직접 들어가기 위해 노력했다. 사유 혹은 논리의 작용으로 이를 알아내는 것이 아니라, 그저 '나'라는 신체가 직접 세계의 근원으로 들어가 하나가 되고, 또다시 그림(예술 작품)과 하나가 되면서 자신의 지각을 극대화해내는 것이다.

물론, 예술가는 아주 선명하게 세계에 대한 지각을 하고 있지만, 이를

---

45) 폴 세잔 외, 『세잔과의 대화』, 조정훈 옮김, 다빈치, 2002, pp.152-193.

관념, 개념, 말 등으로는 전부 표현해내지 못한다고 생각하며, 그러려고 하지도 않는다. 그들은 어떤 음의 조화, 이미지, 색깔, 물질적 재료, 조각, 작품 등의 정신적이지도 보편적이지도 않은 구체적이고 특정한 감각적 재료들로 그들이 느낀 바를 표현해낸다. 케인스는 합리주의자였지만, 예술가들의 감각, 지각 활동의 풍부함과 중요성도 강조했다. 그는 "he(=artist) may stammer in his speech, but his vision must never be blurred.(예술가는 언어로 무언가를 표현을 해야 할 때엔 말을 더듬을 수 있지만, 그가 무언가를 보는 시각은 절대 (누구보다) 흐리지 않다)"[46]라고 주장했다.

"those(=the gifts) of art are intuitive power, indivisible perceptions of beauty and feelings, and an understanding of what can only be grasped as organic wholes."[47]

: 예술이 할 수 있는 것은 느낌으로 파악되는 힘, 아름다움과 감정에 대한 불가분의 지각, 유기적으로 연결된 전체로만 파악할 수 있는 것에 대한 이해이다.

감각, 지각과 예술

우리는 앞서 제1장에서 직접 대면하는 것들로 '감각'과 '지각'을 살펴보았다. 감각과 지각은 예술과 밀접한 관련을 맺고 있다. 왜냐하면, 우리는 방금 예술이란, 신체로서의 '나'가 세계의 존재 자체에 맞닿아 '감각 및 지각'하는 것이며, 이를 어떤 다른 표현 매체를 통해 온전히 표출하는 것이라고 이해했기 때문이다.

예를 들어, 어떤 해바라기가 있다고 해보자. 우리는 그 해바라기로부터 어떤 노란색, 꽃향기, 뜨거움, 꽃잎의 모양 등등을 보이고 들려지고 느껴지

---

46) R. M. O'Donnell, Keynes on Aesthetics, p.106.
47) R. M. O'Donnell, Keynes on Aesthetics, p.105.

는 그대로 느낄 것이다. 우리는 여기서 느끼는 내용을 직접 대면한다고 말한 바 있다. 그리고 그 감각들의 근저에서 종합하고 응축하는 이미지를 느낄 때 우리는 지각한다고 하며, 이 또한 중간 매체 없이 직접 대면함을 제1장에서 알아보았다. 아무런 매개 없이 나와 세계가 서로를 감각하고 지각하면서, 하나가 되는 정도가 심화할수록, 우리는 더욱 예민한 예술가가 될 수 있다. (물론 예술가라면, 자신이 느낀 이러한 지각과 감각을 그 자체로 살아 숨 쉬는 예술작품을 만듦으로써 표현해야 할 것이다.)

우리는 보통 일상적인 수준에서 감각하고 지각한다. 저 해바라기는 노랗고, 꽃향기가 나고, 꽃잎이 이렇게 생겼고 등을 느끼며, 해바라기라는 종합된 이미지도 순간적으로 대면한다. 만약 이를 더욱 극단적으로 밀어붙여, 해바라기가 주는 감각의 덩어리를 뚫고 들어가 해바라기의 존재에 내 신체가 맞닿아, 그 자체를 지각하면, 바로 그때 예술가에 한 걸음 다가간 것이다. 예술가란, 이런 일상적인 감각과 지각을 넘어, 더욱 예민하고 날카로운 감각과 지각으로 세계와 더욱 직접 대면한 사람이다.

제2절 의미, 관념, 개념, 본질, 실질적 정의와 철학

철학이란 무엇인가?48)

"학생: 훌륭한 학자가 되고 싶습니다. 지상의 일, 천상의 일, 남김없이 규명하고 싶습니다. 학문과 자연을 다 알고 싶습니다. / … / 메피스토펠레스: 그다

---

48) '철학이란 무엇인가?'에 대한 답을 내리기는 참 어렵다. 이에 대해서는 철학자들, 혹은 학자마다 정말 다양한 의견들이 있을 수 있다. 이를 다 이해하는 것도 또 비판적으로 수용하는 것도 매우 중요하고 필수적이다. 그러나 이는 또 다른 중요한 대규모의 프로젝트일 것이다. 단지 이 책에서의 '철학이란 무엇인가?'에 대한 질문에는, 케인스와 저자의 '철학에 대한 생각'을 위주로 써내려 갔음을 미리 밝히고자 한다.

음에는 무엇보다도 형이상학을 해야 하네! 그러면 인간의 머리에 들어가기 힘든 것을 깊이 사색하여 포착할 수 있게 되지. 머릿속에 들어가는 것이건 안 들어가는 것이건 훌륭한 술어가 붙어 있어서 편리하네."[49]

우리는 일상적으로 이 세계를 느끼며 살아간다. 보고, 듣고, 느끼며 세계와 계속해서 맞닿은 상태에서 나아간다. 만약 이 감각을 깊숙한 곳까지 밀고 들어가면, 감각 너머의 존재와 맞닿은 부분을 신체로 직접 지각하게 되고, 이와 동시에 예술이 피어난다.

그런데 이 세계로부터의 끊임없는 자극인 '감각'들은 우리의 정신(내면)[50]에도 관념을 새긴다. 그리고 앞서 제1장에서 케인스는 그런 관념들을 정신이라는 공간 안에서 직접 대면한다고 말한 바 있다. 우리에겐 무수한 감각이 쏟아져 들어오고, 관념들은 무의식 속에서든, 의식 속에서든 뒤엉켜 나타난다.

이러한 관념들은 우리가 '의미'를 직접 대면하는 데에 큰 영향을 끼친다. 예를 들어, '물'이 무엇을 의미하는지 모르는 어린아이가 '물'의 의미를 깨닫는 과정을 살펴보자. 어린아이가 물을 마시자 엄마가 '물'이라고 말해준다. 어린아이가 목욕을 할 때, '물'이라고 말해준다. 어린아이가 비가 와서 잔뜩 젖어 왔을 때 '물'이라고 말해준다. 어린아이가 바다에서 물놀이할 때, '물'이라고 말해준다. 이러한 여러 가지 경험들로부터 새겨지는 관념들과 '물'이라는 공통된 기호를 연결하려 노력하며, 마침내 자신의 관념들 속 공통된 부분을 인지하여 그를 '물'이라는 기호와 연결할 것이다. 그 공통된 부분이

---

49) J. W. 괴테, 『파우스트』, 정광섭 옮김, 홍신문화사, 2011, pp.78-80.
50) 우리는 정신(내면)을 가지고 생각하며 살아간다. 우리의 머릿속에서 끊임없이 생겼다 사라지는 그 모든 것들이 관념, 생각들이다. 예를 들어, '불'을 떠올려보라. 지금 바로 머릿속에 떠오르는 이미지, 생각의 내용이 관념이다. 그리고 이러한 관념이 생겨나는 바로 그 공간이 정신(내면)이다. 이러한 정신에 가장 큰 주목을 한 철학자는 데카르트이다. 이러한 정신의 존재에 주목하여, 정신의 개념과 존재의 개념을 연결한, '나는 생각한다, 고로 존재한다.'는 매우 유명하다.

이 아이에게는 '물'이라는 기호의 의미가 되는 것이다. 그러나 물과 관련한 다른 경험들을 한 사람은, 다른 관념들을 통해 '물'의 의미를 파악했을 것이다. 예를 들어, 사막에 사는 사람들에게는 '물'의 의미가 도시에 사는 우리와 다를 것이다. 이렇게 의미는 개개인이 경험한 것들에 의해 생겨난 관념들과 밀접한 연관이 있으며, 따라서 개인마다 모두 다를 수 있다.

'의미'와 매우 비슷한 것으로, '개념(concept)'이 있다. '개념'도 '의미'와 마찬가지로 관념들을 관통한다. 그러나 개념은 그 사물이나 현상에 내재하는 근본적이며 참인 성질을 반드시 담고 있다.[51]

철학의 역할 중 가장 대표적인 것 중 하나가 바로 근본, 토대를 의심하고, 점검하는 것이다. 전형적인 철학자, 소크라테스의 철학적 질문은 "A란 무엇인가?"의 형태로 나타난다. 그저 A는 B라거나 A는 C라는 명제를 수동적으로 받아들이지 않는다. 항상 지식이나 내용의 맨 아래 가장 근본인 토대를 묻는 질문을 하며 시작한다. A는 '개념'에 해당하며, "A란 무엇인가?"라는 질문은, A라는 개념의 본질을 묻는 것이다.

그렇다면, 'A'라는 개념의 본질은 어떻게 알 수 있는가? 그것은 바로 세계를 관조하는 것 혹은 직관하는 것을 통해서이다. 케인스는 이 '관조 혹은 직관'을 철학의 힘이라고 보았다. 세계를 관조한다는 것 혹은 직관한다는 것이 무슨 의미인가? 그것은, 세계가 주는 관념 너머로 '정신'을 통해 깊숙이 들어가서 정확하게 무엇이 있는지, 사유와 정신을 통해 본질에 닿는 것이다. 바로 이 관조 혹은 직관 덕분에, 모든 것을 경험하고, 모든 것에 대한 관념을 가지지 않고서도, 어떤 개념을 형성하고, 그 개념에 대해 정확하게 참인 본질을 알 수 있다는 것이다.

---

51) He thus understood concepts to have true characters which can be determined by reflection (or intuition). (R. M. O'Donnell, The Epistemology of J. M. Keynes, The British Journal for the Philosophy of Science, Sep., 1990, Vol. 41, No.3., p.338.): 그(케인스)는 그러므로 직관으로 얻어지는 '개념들'이 참인 성격을 가지고 있음을 이해했다.

"The gifts of philosophy are analysis, precise, and verbal notions, and knowledge centered on parts…"52)

: "철학의 재능은 분석하기, 정확하고 언어적인 개념 직관하기, 분해될 수 있는 지식 발견하기이다."

"… the philosopher must examine the nature, foundations, and taxonomy…"53)

: "… 철학자는 본질, 기반, 분류의 체계를 철저하게 연구해야만 한다."

물론 이러한 방식의 '철학'에 대한 정의는 합리론, 혹은 플라톤의 이데아론과 매우 유사한 견해이다. 플라톤 역시 계속해서 변화하는 감각의 세계 너머에 절대적이고, 불변하며, 영원한 본질의 세계, 즉 이데아의 세계가 있다고 믿었다. 그리고 세계의 존재자들에 대한 이데아는 오직 정신, 영혼을 통해 알아낼 수 있으며, 이를 관조하여 알아내는 것이 철학하는 것이라고 보았다.

예를 들어, '사랑'의 의미가 있으나, '사랑'의 본질은 모르는 사람이 있다고 해보자. 그는 많은 사랑을 경험해보았으므로, '사랑'이 무엇인지를 안다고 주장한다. (그러나 사실 그가 아는 것은 본질이 아니라 의미이다) 그에게 한 철학자가 다가가 "사랑이란 무엇인가?"라는 질문을 던진다면, 그는 이에 대한 답을 할 것이다. 그리고 철학자는 그 답으로는 충분히 해결되지 않는 경계에 있는 여러 현상을 반례로 제시할 것이다. 그러면 '사랑'이 무엇인지 안다고 생각했던 그는 그 의미를 변경한다. 그리고 다시 철학자는 반례를 제시한다. 철학자는 이와 같은 방법으로, '사랑'이 무엇인지 알고 자만했던 그 스스로가 '사랑'의 본질을 알지 못함을 깨닫게 한다. 이게 바로 소크라테스의 대화법이다.

---

52) Rod O'Donnell, *Keynes on Aesthetics*, p.105.
53) Rod O'Donnell, *Keynes on Aesthetics*, p.106.

철학자들은 이렇게 질문을 통해, '본질'을 알지 못함을 자각하거나 기존에 '본질'이라고 여겨졌던 것을 의심하는 것으로부터 자신이 생각하는 진짜 '본질'을 깨닫는 과정까지로 나아간다. 따라서 철학에서의 혁신이 이루어지는 방식은 두 가지가 있다. 하나는 본질을 정확하게 있는 그대로 포착하여 이전에 없던 새로운 개념을 창조하는 것이고, 또 하나는 어떤 개념의 본질이라고 여겨졌던 것을 의심함으로써, 그 개념의 본질을 새롭게 정의하며, 따라서 새로운 본질을 담은 개념을 창조하는 것이다.

이러한 현상의 세계를 가장 먼저 알아차렸던 철학자가 있다. 바로 플라톤이다. 물론 그는 서양 철학사의 대표 철학자답게, 이런 현상계를 벗어나, 절대적인 진리를 담고 이는 이데아계, 실제의 세계, 실재(reality)를 향해 나아가야 한다고 했지만 말이다. 우리가 느낄 수 있는 감각들은, 사람에 따라 다르므로 상대적이고, 시공간에 따라 계속해서 변화한다. 상대적임, 시공간에 따라 달라짐을 품을 수밖에 없는 '현상'은 우리에게 절대적으로 변하지 않는 진리를 제공해줄 수는 없다고 말한다. 플라톤은, 절대 변하지 않는 본질만을 품은 세계인 '이데아계'에 대해 주장하는데, 즉 절대 변하지 않는 '책상'과 '벚꽃'이 존재한다는 것이다. 하지만 우리는 절대적인 '책상'과 '벚꽃' 이데아가 아닌, 그 이데아의 그림자를 보고 있다고 말한다. 어떨 때 햇살을 잔뜩 품은 벚꽃은 화사하고 더 하얗지만, 비 오는 날 혹은 밤의 벚꽃은 그 밝기가 달라져 화창한 오후와는 다른 색으로 보인다. 바로 이것이 절대적인 벚꽃 이데아의 시시각각 달라지는 그림자를 보고 있으므로 발생하는 현상이다. 왜 '그림자'로 표현했는가에 주목해본다면, 어릴 적 했던 과학 실험을 생각해보라. 우리는 똑같은 물체를 두고도, 어디에서 빛을 비추느냐에 따라 달라지는 그림자를 생각해낼 수 있다. 정리하자면, 플라톤은 시시각각 달라지는 우리의 감각의 세계, 즉 현상계를 절대적으로 영원히 변하지 않는 이데아계의 그림자로 표현하였다.

플라톤이 서양철학사를 시작한 인물 중 하나라 그런 걸까. 대부분의 철학자는 우리의 감각에 비추어진 사물의 계속 달라지는 모습보다는, 우리의 감각과는 '독립적으로' 존재하는 "실제의, 절대적인, 사물 그 자체 안에 본질적으로 내재하고 있는 것"을 끊임없이 추구해왔다. 적어도 포스트모더니즘 전까지는 말이다.

실질적 정의(Real Definition)

결국, 철학이 하는 중요한 작업 중 하나는 실질적 정의를 내리는 것이라고 말할 수 있다. 실질적 정의란, (1) 어떤 사물이나 현상의 본질(essence, real nature)을 정의하며, 이에 관해 설명하는 것, (2) 이때 정의하는 본질은 발명하는 것이 아니라 발견되는 것, (3) 순수한 아이디어가 떠오르기 전까지 반복되는 노력을 요구하는, 실재(reality)에 관한 탐구로부터 얻어지는 것, (4) 본질 발견의 과정이 궁극적으로 직관적인 것, (5) 오롯하게 정신만으로 '본질'을 보는 것이다. 즉, 실재에 관해 탐구를 하려는 열정으로, 오로지 정신(mind)을 통해, 관조 혹은 직관하여, 발명이 아닌 발견으로 본질을 꿰뚫어내는 (혹은 정확하게 있는 그대로 봐 내는) 작업이 개념의 실질적 정의를 위한 필수적인 작업이며, 이게 곧 철학이다.

인식론 속 직접적 지식(Direct Knowledge)과 철학의 관계

우리는 앞서 인식론에서, "직접적 지식"을 얻는 방법으로 '직관(Intuition)'을 살펴보았다. 그리고 이 직관이 철학의 눈이라고 언급하기도 하였다. 사물이나 현상의 본질을 정신을 통해 있는 그대로 정확하게 관조하거나 직관하여 개념을 창조해내는 것 그리고 그로 인한 실질적 정의나 직접적 지식을 알아내는 것이 철학이라 할 수 있다. 따라서 케인스의 인식론 내용 중 직관, 관조, 본질, 실질적 정의 등과 관련된 부분은 모두 철학적 작업에 해당하는 내용이다.

예술과 철학의 관계54)

예술과 철학은 다르다. 예술은 우리가 느낄 수 있는 신체로 직접 세계를 있는 그대로 지각하는 것이며, 철학은 오로지 정신 혹은 사유를 통해 세계의 본질을 직관(혹은 관조)하는 것이다. 간단하게 말하자면, 예술은 '몸, 신체, 감각'과 관련이 크지만, 철학은 '마음, 정신, 영혼'과 관련이 깊다.

그러나 예술과 철학은 모두 "논리적인 관계를 가지고 있는지와 상관없이, 이 세계에 정확하게 그리고 근본적으로 무엇이 존재하는지"를 보고 알려는 것에 목적이 있다. 예술은 다양한 감각들과 그 감각들을 종합한 지각을 통해 이를 보려고 하는 것이고, 철학은 여러 관념 속 관조와 직관을 통해 정신으로 본질을 포착함으로써 이를 알려고 하는 것이다. 따라서 예술과 철학은 같은 것을 보고 있으나, 그를 바라보는 방식이 다른 것이다. 따라서 그 둘은 서로 아주 밀접한 관련이 있다.

예를 들어, 한 철학자가 사과로부터 느껴지는 풍부한 양질의 감각들에 온 신체를 집중하여 느끼면서, 더 나아가 존재의 근원에 있는 사과를 지각하려 노력하고 있다고 해보자. 이것은 비록 "신체"를 통해 세계를 있는 그대로 정확하게 포착한 것이지만, 이러한 경험은 '사과'란 무엇인가?라는 질문에 답하기 위한 본질적 "사유"에도 영향을 끼칠 것이다. 왜냐하면, 앞서 감각, 지각을 통해 우리의 신체와 맞닿은 내용들은 우리의 머릿속 생각들, 관념들을 만들어낸다고 하였기 때문이다. 우리가 신체를 통해 세계의 본질에 가까운 것을 직접 대면했을 때, 머릿속에서는 아직 흐릿하고 모호하게 보여질 것이다. 그럼에도 불구하고, 머릿속에서는 세계의 본질에 가까운 관념들이 둥둥 떠다니고 있는 것이고, 이를 정신적인 철학의 눈으로 정확하게 꿰뚫어 본질을 포착해낼 때, "A란 무엇인가?"와 같은 개념의 본질에 대한 질

---

54) 미학에서의 "미적 직관", "감각적 직관", "지적 직관"과 같은 개념들이 이해에 도움이 될 수도 있을 것이다.

문에 답할 수 있는 것이다. 비로소 지식(즉, 직접적 지식)이 되는 순간이다.

그렇다면 철학자들은 반드시 예술적인 감각, 지각 능력을 가져야 하는 가? 반드시 뛰어난 예술가들처럼 "신체"를 통해 본질을 포착하는 정도까지 이 세계의 내면 깊숙이 들어가야 하는가? 물론 철학적인 능력이 뛰어난 사람들은, 농도가 짙지 않은 감각, 지각들만으로도 자신의 이성을 통해 세상의 본질을 정확하게 꿰뚫어낼 수 있는 자들일 것이다. 단지, 철학자들의 사유가 예술이 주는 힘과 시너지를 낼 수 있다는 것이다. 정리하자면, 이 세계를 더욱 더 깊이 직접 대면하여 감각, 지각하고, 따라서 "신체"를 통해 더욱 본질에 다가갈 수 있는 사람들[55], 그러나 언어적·정신적으로는 명료하게 표현하지 않고, 자신의 느낌을 그대로 감각적으로 표현해내는 데 열중하는 사람들이 예술가이다. 한편, 이 세계에서 오는 여러 경험들에서 생겨난 관념과 의미들을 직접 대면하여, 그것을 언어적·정신적으로 사유하여, 이성을 통해 "본질"을 결국 포착해내는 사람들이 철학자이다. 이 둘은 서로 맞닿아 있으면서도, 서로 다른 중심축을 가지고 있다.[56]

"The artist is unable to translate completely into words the nature of his perceptions. His language must necessarily lack exactitude. But his

---

55) 주의해야 할 점은, 이 세계를 더욱 깊이 들어가 감각, 지각할수록, 세상의 본질에 대해 느낄 수 있을 가능성이 높다는 것이다. 세상의 본질을 포착하지 않았다고 해서, 예술이 아닌 것은 아니다. 반 고흐를 비롯한 인상주의자들은 세상의 본질을 포착한 것이 아니라고 폴 세잔은 말했지만, 인상주의자들이 예술가가 아니라는 것을 의미하진 않는다. 다만, 철학자들은 '본질'을 포착하는 것이 필수적인 임무라고 할 수 있다. 예술가들은 감각, 지각과 같은 직접 대면에, 철학자들은 사유를 통한 본질 포착에 그 초점이 맞추어 있다고 할 수 있다.

56) 이 책에서는 케인스의 의견을 따라가며, 예술은 '감각 혹은 지각을 통한 직접 대면'에, 철학은 '정신을 통해 본질을 직관함'으로 나누어 설명했지만, 감각 및 지각을 통해 세계의 본질을 인식할 수 있다고 생각할 수도 있다. 가장 유명한 예로, 앞서 언급했던 후기 인상파 화가, 폴 세잔의 경우, 본질을 알아내려는 철학적 작업을 그는 예술과 그림을 통해서 하려 했다고 말했다.

vision must never be blurred. The artist and the philosopher must both learn to perceive. The philosopher, for his part, may lack an artist's taste and creative capacity, But he must have enough of the artist in him to know the nature and objects of aesthetic judgment; he must himself be capable of strong and individual impressions on these matters, and he must continually check his analysis by the experience of more subtle and sensitive minds."[57]

: "예술가는 그의 지각들의 본질을 완전히 말(혹은 개념)로 표현해낼 수 없다. 예술가의 언어는 정확하지 않아야 한다. 하지만 예술가의 눈은 절대 흐려져서는 안 된다. 예술가와 철학자는 모두 '지각'하는 법을 배워야 한다. 철학자는 그의 분야에서 아마 예술가만의 취향(taste)이나 창의적인 능력이 부족할 것이다. 하지만 철학자는 미학적 판단의 본질과 대상을 '아는 것'에는 매우 충분한 능력이 있다. 그는 그 스스로, 미묘하고 예민한 정신을 통해, 이 문제들에 대해 강하고 개인적인 인상을 줄 수 있도록 노력해야 한다."

모든 지식과 학문의 '근본'이 되는 철학의 위상

"the unity of all knowledge, and the fundamental status of philosophy."[58]

: "모든 과학은 철학으로부터 시작되며, 철학을 향해 통일된다."

과학들은 실제 존재하는 세계에 대한 지식을 논리적으로 쌓아 나간다. 그리고 그 밑바탕에는 철학이 세운 기반이 단단히 자리 잡고 있다. 나무에 비유하자면, 형이상학이 철학 중에서도 가장 근본적이므로 그 뿌리를 이루고, 나무의 몸통을 철학이 이룬다. 철학이 발견한 본질과 그에 대한 개념의

---

57) Gilles Dostaler, Keynes, Art and Aesthetics, p.105.
58) R. M. O'Donnell, *Keynes: Philosophy, Economics and Politics*, Palgrave Macmillan, 1989, p.159.

실질적 정의를 수용하며 각각의 과학들이 시작되어 가지들로 뻗어 나가기 시작한다. 모든 과학들의 바탕에 있는 '공리들'은 철학이 발견한 본질을 수용하며 단단히 굳어진 것이라 할 수 있다. 철학은 모든 과학의 시작이다. 그러므로 철학은 '과학의 여왕'이라고도 할 수 있다. 물론 모든 과학도 새로운 지식들을 알아내 기존의 철학을 자극하고, 철학의 발전에 영향을 끼친다.

"The whole of philosophy is like a tree, whose roots are metaphysics, whose trunk is physics, and whose branches are all other sciences …"[59]

: "철학의 전체적인 모습은 뿌리가 형이상학이고 줄기가 물리학이며 가지가 다른 모든 과학인 나무와 같다."

제3절 논리적 관계, 원리, 간접적 지식들과 과학

과학이란 무엇인가?

"신비에 찬 자연은 대낮에도 베일을 벗게 하지 않는다."[60]
"물리학자들이 이루려는 최종 꿈은 '통합'이에요. 가능하면 하나의 이론이나 법칙으로 모든 자연 현상을 설명하려는 것이지요. 아인슈타인은 상대성 이론을 완성한 뒤, 통일장 이론으로 그 가슴 벅찬 야망을 이루려고 시도했습니다. 그러나 끝내 완성하진 못했지요. 오늘날의 물리학자들은 아인슈타인이 못다 이룬 그 꿈을 실현하기 위해 갖은 노력을 기울이고 있습니다. / 그럼 통일장 이론의 첫 발판을 마련해 준 과학자가 누구인지 아세요? 바로 뉴턴이랍니다. (…) 지구에서 적용되는 운동 법칙이 우주에서도 통하고, 지구의 중력이 우주

---

59) R. M. O'Donnell, *Keynes: Philosophy, Economics and Politics*, Palgrave Macmillan, 1989, p.159.

60) J. W. 괴테, 『파우스트』, 정광섭 옮김, 홍신문화사, 2011, p.35.

에서도 들어맞는다는 사실을 명명백백히 입증했거든요. 이것은 지구와 우주의 운동 법칙과 중력을 통합한 최초의 업적입니다."[61]

"The grand aim of all science is to cover the greatest number of empirical facts by logical deduction from the smallest number of hypotheses or axioms."

– Albert Einstein

: "모든 과학의 위대한 목표는 최대한 많은 경험에서 얻은 사실을 최소한의 가설이나 원리에서 추론한 논리적 해석으로 설명하는 것이다."

– 알베르트 아인슈타인

케인스는 과학을 "감각으로 주어진 대상 혹은 현상들에 '논리적이고 합리적인 분석'을 적용하는 것"[62]이라고 정의했다.

"He is presented with a mass of facts, possessing similarities and differences, arranged in no kind of scheme or order. His first need is to perceive very clearly the precise nature of the different details. After concerning himself with this precise and attentive perception, he holds the details together clearly before his mind and it will probably be necessary that he should keep them more or less before his mind for a considerable time. Finally he will with a kind of sudden insight see through the obscurity of the argument or of the apparently unrelated data, and the details will quickly fall into a scheme or arrangement, between each part of which there is real connection."[63]

---

61) 송은영, 『뉴턴, 프린키피아』, 주니어김영사, pp.4-5.

62) Science was 'the application of logic and rational analysis to the material presented as sense-data' (R. M. O'Donnell, *Keynes: Philosophy, Economics and Politics*, Palgrave Macmillan, 1989, p.161.)

63) R. M. O'Donnell, *Keynes: Philosophy, Economics and Politics*, Palgrave Macmillan,

: "유사점과 차이점을 모두 가지고 있으며, 어떠한 구조나 질서도 아직 보이지 않는 아주 많은 사실을 그는 맞닥뜨린다. 그의 첫 번째 해야 할 일은 맞닥뜨린 사실들을 아주 상세하게 살피고, 그들의 정확한 본질을 명확하게 통찰해내는 것이다. 그 스스로 아주 정확하게 집중하여 통찰한 후에는, 그는 모든 상세한 내용을 그의 정신 속에 명료하게 담는다. 이 상태로 꽤 상당한 시간이 지날 것이다. 마침내 그는 어떤 반짝이는 통찰력으로 주장들이나 겉보기에는 서로 관련이 없던 자료들의 모호함을 뚫고 나올 것이다. 그리고 자세한 내용이 아주 빠르게 서로 실질적인 관계를 맺어가면서 질서 지워질 것이다."

'과학'은 어떤 현상에 대한 호기심에서 비롯된다. 새로운 세계에 대해 잔뜩 알고 싶어 하는 어린아이들은 "하늘은 왜 파란 걸까? 꽃은 왜 봄에 많이 피어날까? 바람이 왜 부는 걸까?" 등과 같이 새로운 세계에 대해 잔뜩 알고 싶어 한다. 마치 이러한 아이들처럼 호기심 가득한 눈으로 세상을 바라보는 자가 과학자들이다. 과학자들은 이러한 흥미로운 질문들에 답하기 위해, 아주 철저하게 논리적이고 필연적으로 짜여 있는 관계 속에서, 현상들을 만들어내는 원리, 법칙들을 발견해낸다.

예를 들어, 물이 끓는 현상을 본 과학자가 있다고 해보자. 그는 아마 물이 끓는다는 것의 강렬한 느낌을 지각하는 예술가와 달리, 그리고 물이 끓는다는 것이 무엇인지에 대해 실질적 정의를 내리려는 철학자와 달리, "물은 왜 끓는 것인가?"라는 질문을 던질 것이다. 이러한 과학자의 질문은 그저 지각이나 직관만으로 해결되는 것은 아니다. 물이 끓는 현상과 관련한 다른 명제들과의 논리적 관계, 필연적 관계에 대해 검토해야 한다. 과학자는 물이 끓는 현상의 원인을 찾기 위해, 물이 언제 끓는지에 대해 관찰하고 실험할 것이다. 열을 가하면 물이 끓는다는 사실을 알아낸 과학자는 '열'과 '끓는 물' 사이의 관계를 필연적으로 연결해줄 원리, 법칙을 찾으려 노력할 것이다. 처음에는 그저 그 둘이 아무런 상관이 없어 보일 수 있다. 그러나

1989, p.101.

물이 끓는다는 것이 무엇인지에 대한 직접적 지식과 열에 대한 지각 및 개념들로부터 도움도 받으면서, 점점 더 자세하게 탐구해간다. 관련될 수 있다고 생각되는 명제들도 더욱 수집해갈 것이다. 또 물이 끓는 현상을 더욱 더 자세히 관찰하면서, 뜨거운 공기가 느껴지고, 물이 서서히 줄어가는 현상도 알게 될 것이다. 또 '열'에 대해 더 알아가며, 열은 부피를 확장하고, 에너지를 제공해 입자들의 운동을 활발하게 만들고, 기존 물체의 성질을 변화시키기까지 한다는 것을 알게 될 것이다. 점점 좁혀지는 '끓는 물'과 '열'의 관계 속에서, 그는 결국 열이 입자들에 에너지를 전달하여, 활발한 운동을 하게 만들고, 이를 통해 액체인 물이 기체가 되는 과정에서 물이 끓는 현상이 발생함을 마침내 알 수 있게 된다. 물론 이는 매우 단순한 형태로 전개되었지만, 더욱 더 복잡하고 고차원적인 사고방식일지라도 이와 비슷한 형태로 과학자들은 자신들만의 흥미진진한 질문들에 대답해 나간다.

여기서 우리가 주목할 점은, 예술가들 및 철학자들과 달리, 과학자들에게는 '논리성', '필연적 관계성'이 매우 중요하다는 것이다. 자연스레, '증명' 또한 매우 중요하다. 과학자들은 이 세계를 원인과 결과의 관계 속에서 본다. 모든 현상은 서로 원인과 결과의 필연적인 관계로 얽혀 있다. 그리고 이러한 현상들의 본질적이고 논리적인 관계를 표현한 명제가 '법칙'인 것이다. 예를 들어, 만유인력의 법칙은 "중력은 질량의 제곱에 비례하고 거리 제곱에 반비례한다."인데, 중력이라는 현상을 질량 그리고 거리와의 필연적인 관계 속에 위치시켰다. 물론, 만유인력의 법칙은 증명이 존재하며, 따라서 다른 명제들과도 논리적 관계를 맺고 있을 것이다.

과학의 힘은 서로 연결되지 않을 것 같은 현상들 속 인과관계 및 법칙을 찾아내는 것에서 생겨난다. 인과관계의 필연성을 통해, 우리는 간접적 지식을 알아낼 수가 있다. 우리가 직접 지구가 태양을 돈다는 것을 보지 못한다 할지라도, 논리적이고 필연적인 증명과 법칙을 통해, 우리는 지구가 태양을 도는 것을 완벽하게 확신할 수 있다. 정확한 원인과 결과 사이의 논리적 관계를 통해, 우리는 어떤 원인이 주어질 때, 어떤 결과가 나올 것인지에 대한 예상도 가능하다.

논리적 관계, 원리, 지식들과 과학

그렇다면 과학자들에게 필요한 능력이란 무엇일까? 그것은 바로 전혀 연결되지 않을 것 같은 두 현상 혹은 명제들 사이에 있는 '필연성' 혹은 '개연성'과 같은 논리적인 관계를 직관적으로 알아차리는 것이다. 우리는 앞서 전제들과 결론 사이 '논리적으로 연결된 힘'을 포착해내는 능력에 관해 설명한 바 있다. 대표적인 예로, 뉴턴은 자신의 머릿속에 아직 필연적으로 연결되진 않았지만, 관련이 있다고 직관되는 명제들이 있었을 것이다. 그리고 사과가 나무에서 떨어지는 것을 본 순간, "사과(물체)가 나무 위에서 땅으로 떨어진다"라는 현상과 자신의 머릿속 명제들과의 논리적 연결성을 직관한 것이다.

모든 현상을 인과관계의 흐름으로 설명해내려는 과학자들에게, 현상들은 순서대로 나타나지 않는다. 따라서 이 세상의 여러 현상에 대한 호기심을 유지하며, 자신이 특히 궁금해하는 현상과 밀접한 관련을 맺는 지식 혹은 명제들을 직관해낼 수 있는 능력이 필요한 것이다.

과학과 예술 및 철학의 관계

과학은 세계의 현상을 인과관계의 연결망 속에서, 철학은 세계의 현상을 정신을 통한 본질적 직관 속에서, 예술은 세계의 현상을 신체의 지각 속에서 바라보고 있다고 할 수 있겠다. 각각은 서로 다른 눈으로 같은 세상을 바라보며 원리와 본질을 찾아내기 위해 노력하지만, 그들은 서로가 서로에게 영향을 주며 상호작용하기도 한다.

그렇다면 예술과 과학은 어떤 관련이 있을까? 이는 아인슈타인의 명언에서 찾아볼 수 있다.

"The most beautiful experience we can have is the mysterious. It's the fundamental emotion which stands at the cradle of true art and science. Whoever does not know it can no longer wonder, no longer marvel, is as good as dead, and his eyes are dimmed."

— Albert Einstein

: "우리가 체험할 수 있는 가장 아름다운 경험은 신비이다. 신비는 참된 예술과 과학의 요람의 중심에 있는 근본적인 감정이다. 이 사실은 모르는 사람은 더는 놀라지도, 경탄하지도 못하며, 시체와 다를 바 없고, 그의 눈은 흐려진 것이다."

— 알베르트 아인슈타인

우선 과학자들은 경이로운 현상들을 마주할 때 그것을 알고 싶다는 동기부여가 강렬하게 자극된다. 미지의 현상들 자체를 더욱 강하게 느낄수록, 그 현상에 대한 궁금증은 더욱 심해져, 끝까지 깊이 파고들어 알아내고 싶은 욕구가 불타오르게 된다. 즉, 신비롭고 경이로운 체험을 더 많이 할수록 과학자들은 세상을 알고 싶다는 동기부여를 더욱 강하게 받을 수 있다.

예술이 과학자들을 더욱더 강렬한 호기심에 불타오르게 할 수 있다는 관점은 칸트의 『판단력 비판』 속 '아름다움'에 관한 설명과도 매우 밀접한 관련이 있다. 칸트는 '아름다움'이란 '상상력과 지성의 유희' 속에서 생겨나는 것이라고 말한다. 즉, 우리는 세상을 분류하고 분석해서 우리의 것으로 처리하며 세상을 인식하고 알고자 하는 욕망이 있다. 그리고 그 기능을 가장 잘 수행하는 것이 우리의 '지성'이다. 그러나 이 지성이라는 능력에 갑자기 분류도, 분석도 되지 않아 전혀 처리할 수 없는, 즉 알아낼 수 없는 어떤 현상이 닥친다고 가정해보자. 그러면 인간은 자신의 것으로 소화해내 알아내지 못하는 바로 그 세상의 단면을 아름답다고 느끼는 것이다. 만약 그 단면이 너무나 강렬하게 미지의 것이라서, 지성이 포착해내지 못할수록 인간은 더 경이로움을 느끼고 심지어 숭고함까지 느낀다는 것이다. 물론 우리가 그 미지의 세계를 알 수 있게 된다면, 미지의 세계가 주던 아름다움은 사라지게 될 것이다.

예술은 과학자들에게 앎의 욕구를 부추기고, 연구를 시작하게 하는 원동력이 되기도 하지만, 논리적인 관계와 사유로 점철된 세상을 바라보던 과학자의 눈앞에 새로운 시각과 영감을 줄 수도 있다. 예를 들어, 해바라기를 연구하는 학자가 있다고 해보자. 해바라기와 관련한 수식, 원리, 공식, 법칙, 논리적 관계들 속에서 풀리지 않던 수수께끼가, 어느 날 뜨겁게 작열하는 태양 아래 수많은 해바라기와 하나가 되는 경험을 하는 순간을 계기로 하여 과학적 접근만으로는 얻지 못한 새로운 아이디어나 관점을 얻은 후, 논리적인 관계의 빈 부분을 보충할 수 있는 것이다.[64]

위 예시는 물론 설명을 위해 과장되어 표현되었다. 또한, 어떻게 예술에서 온몸으로 전해 받은 강렬한 감각과 느낌이 지성과 논리로 설명하는 과학에 실질적인 영감을 줄 수 있는지 의문을 제시할 수 있다. 아마 이는 크게 보면 감각과 신체 vs 논리와 정신의 구도에서 바라본 형이상학적 질문일 것이다. 신체와 정신이 어떻게 서로 상호연결될 수 있는지를 문제 삼고 있다는 것이다. 그러나 변명을 해보자면, 수 세기 동안의 저명한 철학자들에게도 신체와 정신이 어떻게 서로 상호작용할 수 있는지는 늘 쉽게 풀리지 않는 난제였다. 다만 분명한 것은, 우리의 신체와 정신은 서로 영향을 주고받고 있으며, 따라서 신체라는 영역과 정신이라는 영역은 밀접한 관련

---

64) 물론, 예술적으로 느껴진 영감이나 감각이 모두 논리적이고 과학적인 관계로 표현되고, 풀어내질 수 있는 것은 아니다. 이 세계의 어떤 현상들은 논리적인 관계로 이루어지지 않아, 예술적 · 철학적인 접근만이 필요한 것도 있다.

이 있다는 것이다. 즉, 예술과 과학, 감성과 지성, 상상력과 논리력은 서로 다르지만 동전의 양면과 같다. 이들이 특히 경제학이라는 학문에서 어떻게 모두 필요한지는 앞으로의 논의에서 밝혀질 것이다.

다음은 철학과 과학의 관계에 대해 알아가 보자. 과거에는 철학과 과학이 거의 '학문'으로 묶여 동의어로도 사용되었다. 그러다가 어떤 근본 가정이나 정의를 의심하지 않고, 공준으로 받아들이면서, 그로부터 만들어질 수 있는 지식을 탐구하는 '과학들'이 전문화되어 떨어져 나가기 시작했다. 여러분과 과학들을 보면, 모두 그들의 밑바탕에 더는 의심하지 않고 수용하는 근본 가정, 토대가 존재한다. 그러면서 철학은 주로 참이라고 확실하게 수용하기 어려운 명제들의 본질을 탐구하는 역할을 맡기 시작했다. 즉, 아직 확실하지 않은 정의나 본질을 연구하는 것이다. 철학에서는 합의하고 수용하는 한 가지 정의가 있는 것이 아니다. 계속해서 기존의 개념과 정의에 의문을 제기하고, 새로운 개념과 정의를 만들어 내고 고민한다.

다양한 과학들을 구분해주는 것은 각각의 과학들 근저에 놓인 "실질적 정의"이다. 각각의 과학들의 시작점인 그 공준들이 서로 다르므로, 그들은 서로 다른 지식을 만들어내고 있다. 그들은 철학이 발견해낸 실질적 정의 중 어떤 것을 채택하여 시작하는지, 즉 어떤 관점의 실질적 정의로부터 영감을 받아 시작해가는지가 서로 다른 것이다.

과학이 시작되기 위해서는 철학이 필요했다. 어떤 현상의 본질을 포착하여 알아낸 직접적 지식으로부터 과학은 뻗어 나갔다. 따라서 과학의 근저에 놓인 공준들이 변하면 기존 공준들 위에 쌓아올린 지식의 성격도 매우 달라질 것이다. 어쩌면 몇몇은 참이 아닌 것이 논리적으로 밝혀질 수도 있다. 과학이 뻗쳐나간 수많은 지식의 근저에는 철학의 눈으로 바라본 현상의 '본질'이 담겨있다. 따라서 어떤 현상의 '본질'을 정확하게 바라볼수록 그로부터 생겨나는 수많은 논리적이고 필연적인 지식을 그려나갈 수 있을 것이다. 즉, 이 세상의 경이로운 현상들의 논리적 관계들도 결국 그 본질과 밀

접한 관련이 있으므로, 철학과 과학은 서로 밀접한 관련을 맺고 있다는 것
이다.

제1부 부록
현 예술, 철학, 과학, 수학 분야 전문가 인터뷰

'과학'이란 무엇이라고 생각하시나요?

☺ 이화여자대학교 자연과학대학 생명과학과 및 바이오융합과학과 심현보 교수님:

"과학은 무엇인가"라는 것은 매우 심오한 질문인데, 그에 대해 무엇인가 답을 하게 되면 그것이 더 어려운 의문으로 이어지는 종류의 질문이기 때문입니다. 보통 흔히 하는 답변으로 "과학은 과학자가 하는 일이다(science is what scientists do)"라는 동어반복적 선언이 있지요. 사실은 아무 정보도 주지 못하는 답변이지만, 동시에 그만큼 과학이란 것을 정확히 정의하기 힘들다는 것을 짧게 설명해주는 답변이기도 합니다.

미국의 연방대법관이던 포터 스튜어트는 1964년에 음란물에 대한 판결에서 "…아마도 나는 명확하게 (음란물을 정의)하는 데 절대 성공하지 못할 것이다. 그러나 보면 안다 (I know it when I see it)…"라는 유명한 판결문을 남겼습니다. 과학이란 무엇인가, 혹은 무엇이 과학인가, 하는 질문에 대해서도 솔직히 말하자면 똑같은 대답을 해야 합니다.

그러나 보통 교과서적이고 좁은 의미에서라면, 과학이란 물질세계에서의 현상을 체계적으로 관찰 및 분석하고, 이로부터 원리와 규칙을 유추하며, 그것을 논리적으로 증명함으로써 반증 가능성과 재현 가능성을 갖춘 예측력 있는 이론을 제시하는 작업일 것입니다.

실제로 과학자들이 연구실에서 매일 하는 일들이 이러한 과정의 일부입니다. 좀 더 넓은 의미로 나가면 이러한 과학적 방법론을 적용한 다양한 활동들 및 과학적 발견의 적용을 위한 소위 '응용연구'라 불리는 것들도 과학의 범주에 넣을 수 있을 거라 생각합니다.

이렇게 보았을 때, 예를 들어 4원소설이나 천동설, 상한론은 당시 기준으로는 과학이라 말할 수 있었을 것이지만 현대에 와서는 과학사 연구의 주제일 뿐 과학 연구의 주제는 될 수 없겠죠. 따라서 과학의 정의를 확정하기 어려운 것과 별개로, 어떤 활동이나 대상이 과학(적)인가 아닌가의 여부도 물질세계에 대한 우리의 전반적인 이해가 발전함에 따라 변하게 되는 측면이 있습니다.

한 가지 더 (노파심에서) 얘기하자면 과학과 진실은 같지 않다는 점입니다. 물론 과학이 진실을 발견하기 위한 과정일 수는 있지만, 과학적 방법을 통해 얻은 결론이 거짓일 수도 있다는 얘기이지요. 관찰 및 분석 기술의 한계 때문일 수도 있고, 증명 과정에서의 논리적 오류 때문일 수도 있고, 대상의 복잡성과 다면성 때문일 수도 있습니다. 과학의 외피가 어떤 주장에 진실성을 부여해 주지도 못하고, 그러한 목적으로 사용되어서도 안 된다고 봅니다.

'철학'이란 무엇이라고 생각하시나요?

☺ 이화여자대학교 인문과학대학 철학과 교수님:

철학이란 무엇인가… 시간이 흐를수록 오히려 철학이란 무엇인가에 대해 잘 모르게 되었다고 고백해야 할 것 같습니다. 예전엔 명확했는데 말이죠. 그럼에도 말해야 한다면 철학이란 한 시대의 눈이라고 생각합니다. 한 시대의 정신의 반영이면서 구체화되고 체계화된 시대의 정신이기도 한 것이죠. 우리는 철학을 공부하면서 지난 시대에서 오늘날에 이르기까지 각 시대의 사람들이 어떤 눈을 가지고 세계와 인간을 대하고 구축하고 해석해 냈는지를 이해할 수 있습니다. 철학을 함으로써 우리는 세계와 인간에 대한 메타적 이해의 도구를 갖추게 되는 것입니다.

'예술, 철학, 과학'이란 무엇이라고 생각하시나요?

☺ 이화여자대학교 조형예술대학 섬유예술전공 윤순란 교수님:

예술이나 철학은 외연적 정의를 내리기 어려운 분야입니다. 그럼에도 불구하고 몇 마디 적어 보자면 다음과 같습니다. '예술은 시각요소를 통해 '소용없는 것의 소용'을 탐색하는 학문이다. 철학도 이와 같은 지향성을 갖지만, 언표를 매개로 한다는 차이가 있다. 예술, 철학, 과학에는 공통적으로 상상이 개입한다. 예술과 철학이 추동하는 상상은 다의적 해석을 향해 열려 있다면, 과학이 이끄는 상상은 연역의 세계 내에서 참이라는 것이 증명되어야 한다'.

제1부
참고문헌

제1장 '케인스의 인식론' 참고 자료

저자가 케인스의 인식론을 공부하고, 글을 작성하면서, 가장 많은 도움을 받아, 큰 빚을 진 학자가 Rod O'Donnell이다(과장해서 말하자면, 이 학자가 거의 유일하게 케인스의 인식론, 경제철학, 미학, 또 철학과 경제학의 관계를 다루었으며, 이를 알게 되었을 때, 저자는 스스로 연구에 있어 희망의 빛을 보았다). 따라서 케인스의 인식론을 다루는 내내, Rod O'Donnell의 논문 <*The Epistemology of J. M. Keynes*>와 저서 『Keynes: Philosophy, Economics, and Politics』의 5장(Epistemology)을 큰 비중으로 참고했다. 또한, 케인스의 원저서인 『Treatise on Probability』의 2장(Probability in relation to the theory of knowledge)과 Chapter 22의 일부(pp.292–293)도 자연스레 참고하였다. 케인스가 사용한 용어의 의미를 정확히 파악하기 위하여, 버트런드 러셀의 『철학의 문제들』도 참고하였다. 케인스가 말하고자 하는 바의 이해를 위해, 칸트의 인식론과 케인스의 인식론의 공통점을 적은 Elke Muchlinski의 <*The philosophy of John Maynard Keynes(A Reconsideration)*>도 참고하여, 간접적이긴 하지만, 케인스의 인식론에 대해 이해하고자 노력하였다. 케인스의 인식론을 다루는 자료가 방대하지 않았고, 또 원전에서 케인스가 말하고자 하는 바를 정확히 이해하기는 다소 어려웠다. 그럼에도 불구하고 저자는 최대한 그의 인식론을 제대로 이해하려 노력하였음을 아량을 베풀어 알아봐 주길 바란다.

제2장 역시 Rod O'Donnell의 『Keynes: Philosophy, Economics and Politics』와 <*Keynes on Aesthetics*>을 주로 참고하였다. 또한, Gilles Dostaler의 <*Keynes, Art and Aesthetics*>으로부터도 도움을 받았다. 더 나아가 케인스가 아닌 다른 학자의 의견으로, 질 들뢰즈(Gilles Deleuze)와 펠릭스 과타리(Félix Guattari)의 『What is philosophy?(철학이란 무엇인가?)』의 원전과 번역서도 전반적으로 참고하였다. 또한, 이화여자대학교의 철학과, 사회과학대학, 자연과학대학, 조형예술대학의 교수님들께도 메일을 보내 의견을 여쭈었고, 그 답변들이 제2장에 군데군데 녹아들어 있다.

· 제2부 ·

경제철학 및 경제학과
예술, 철학, 과학의 관계

*"The master—economist must possess a
rare combination of gifts… He must be
mathematician, historian, statesman,
philosopher — in some degree… No part
of man's nature or his institutions must
lie entirely outside his regard."*"

"훌륭한 경제학자는 여러 재능을 조화롭게 가지고
있어야 한다. 그는 수학자, 역사가, 정치가,
철학자여야 한다. — 인간의 본성이나 제도와
관련한 어떤 부분도 그(경제학자)의
관심을 벗어나서는 안 된다."[65]

제3장
케인스의 경제철학

자, 이제는 드디어 '경제학'의 세계로 발걸음을 내딛어보자. 경제학이란 무엇인가? 경제학이란 어떻게 연구되어야 하는가? 경제학은 무엇을 위한 학문인가?와 같이 경제학에 대한 아주 근본적인 물음들에 이 책은 나름의 답을 내놓으려고 하고 있다. 이 답들을 저자가 생각해낼 수 있게 길잡이가 되어준 학자가 바로 존 메이너드 케인스이다(이 책의 제목이 『스물넷, 케인스를 만나다』인 이유도 이 때문이다). 자연스레 저자의 의견은 케인스의 의견과 매우 닮았다. 제3장에서는, 경제학자 케인스의 경제학 정의, 방법, 목적을 소개하고, 그의 의견에 영향을 받아 성립된 저자만의 경제학 정의, 방법, 목적도 설명하려고 한다.

다만 케인스는 직접 경제학의 정의와 방법에 대해 글을 쓴 적이 없으므로 참고할 수 있는 자료들이 한정적이었다. 그가 잠깐씩 언급한 말들과 주로 그의 제자 하로드(Harrod)에게 쓴 편지들을 참고하고 추론하여 나름의 답을 낸 Rod O'Donnell의 분석을 많이 참고하였다. 어떤 부분을 어떻게 참고하였는지는 제2부 맨 뒤의 참고 자료 설명 부분에 자세히 적혀 있으니, 참고해주시길 바란다.

---

65) R. M. O'Donnell, *Keynes: Philosophy, Economics and Politics*, Palgrave Macmillan, 1989, p.164.

먼저 케인스의 일생에서 일관적으로 유지해왔다는 '경제학'의 정의란 과연 무엇이었는지에 대해 살펴보자. 여러분은 경제학이란 무엇이라고 생각하는가? 흔히 다음과 같은 정의가 익숙할 것이다. '경제학은 선택의 논리학이다.' 혹은 '무한한 인간의 욕구에 비해 희소한 자원을 적절히 분배히기 위한 학문이다.'와 같은 정의 말이다. 그러나 케인스의 생각은 조금 달랐다. 그의 경제학에 대한 시각으로 본격적으로 들어가기 전 그의 스승 마셜의 의견부터 들어보자. 왜냐하면, 케인스의 생각이 그의 스승 마셜의 생각과 매우 닮아있기 때문이다.

경제학자 마셜(Marshall)에게 경제학이란?

"the study of mankind in the ordinary business of life"[66]

: 보통의 일상을 운영해가는 사람들(인류)을 탐구하는 학문

경제학자 마셜은 경제학이 인간이 운영해가는 일상, 인생을 탐구하는 학문이라고 보았다. 일상을 자신의 방식대로 운영해나가는 사람들은 무수한 선택의 갈림길에 마주 서게 된다. 그리고 그 선택을 할 때, '합리적인' 선택을 한다. 그러나 우리가 '합리적인' 이라는 용어를 이해할 때 주의해야 할 점이 있다. 경제학에서 '합리적'이라는 게 무엇인가는 매우 중요한 철학적 논제이지만, 마셜이 의미하는 '합리적'이라는 것은 계산기나 로봇과 같은 것이 아니다. 즉, '완벽하고 완전한 정보들을 모두 가진 채 매우 뛰어난 지적 능력을 갖추고 최고의 효용 및 이윤을 가져와 줄 수 있는 일반적인 균형을

---

66) R. M. O'Donnell, *Keynes: Philosophy, Economics and Politics*, Palgrave Macmillan, 1989, p.162.

찾아 그것을 선택하는 것'을 의미하는 것이 아니다. 제한된 지식과 보통의 지적 능력 속에서, 자기만의 이유를 가진 채 그 이유에 따라 행동하는 것을 말한다.

예를 들어, 학생이 필기구를 고를 때, 그 학생이 모든 볼펜의 가격과 효용을 비교하고 계산하여 가장 최대의 만족감을 주는 볼펜을 고르는 것이 아니라는 것이다. 오히려 학생은 자신이 가지고 있는 예산을 확인한 후, SNS에서 필기구 광고들을 봤던 경험을 떠올리며, 그때의 정보를 기반으로 한 특정 필기구가 주는 효용에 대한 기대를 하고 예산 안에서 최적의 선택할 수도 있다는 것이다.

케인스에게 경제학이란?
(1) 경제학은 '일상'을 만들어가는 사람들의 일상 속 모든 행동들의 '원리'를 탐구한다

'the economic problem is ··· only a particular department of the general principles of conduct'

: '경제학은 행동의 일반적인 원리를 다룬다.'

마셜의 경제학에 대한 정의는 케인스에게도 매우 영향을 끼쳤던 것 같다. 왜냐하면, 케인스 또한 경제학이란, 나름의 이유를 바탕으로 합리적인 선택을 해나가는 인간을 다루며, 인간의 일상적인 행동들 속 일반적인 원리를 다루는 학문이라고 생각했기 때문이다.

케인스에게 경제학이란?

(2) 경제학은 도덕과학(Moral Science)이다

우선 케인스는 경제학을 '과학'으로 분류했다. 과학은 앞서 살펴보았듯, 우리가 경험하고 느끼고(감각하고) 지각한 것들을 논리적으로 탐구해나가는 학문이다. 따라서 과학은 예술 및 철학과도 밀접한 관련이 있었다. 그렇다면 경제학은 사회과학인가? 아니면 자연과학인가? 케인스는 경제학을 사회과학도 자연과학도 아닌 '도덕과학'으로 정의했다.

그렇다면 우리에게 생소한 용어로 들리는 '도덕과학'이란 무엇일까? 과거에는, 과학의 종류가 크게 두 가지로 구분되었다. 한쪽은 도덕과학 그리고 다른 한쪽은 자연과학이 상반된 성질을 가지면서 대치해 있었다. 도덕과학은 '(인간의) 마음, 정신(mind)' 및 '인간의 활동, 행위(conduct)'를 논리적으로 탐구하는 학문이다. 반면, 자연과학은 '(자연 속의) 물질(matter)' 및 '생명(life)'을 논리적으로 탐구하는 학문이다.

예를 들어, 어떤 사람이 있다고 해보자. 도덕과학은 인간을 정신 또는 마음을 가지고 있으며, 세상을 느끼고, 스스로 생각하고, 일상을 경영하며, 주체적으로 활동하고, 행동하는 존재자로 본다. 반면 자연과학은 인간을 다른 바위나 나무와 마찬가지의 어떤 물질 혹은 생명체로 간주하며 철저히 자연의 관점에서 바라본다. 즉, 물리학에서의 인간은 다른 물질들과 같은 물질적 차원에서 분석되며, 생명과학에서 인간은 다른 생명체와 같이 생물의 차원에서 분석된다.

도덕과학의 종류에는, 경제학을 포함한 심리학, 정치학, 역사학, 법학 등이 속하며, 자연과학에는 우리가 흔히 잘 알고 있듯 물리학, 화학, 천문학, 생물학 등이 속한다. 도덕과학은 자연과학과는 달리, 인간이 가지고 있는 이성, 감성, 영혼, 이상, 꿈, 지각, 기억, 상상, 직관, 용기, 신념, 의지, 윤리의식 등을 고려한다.[67] 따라서 자연과학은 이론적인 분석과 정밀한 방법에만 주로 초점이 맞춰졌지만, 도덕과학의 경우에는 이론적인 차원과 실천적인 차원 모두가 밀접한 관련을 맺고 있다.

"you do not repel sufficiently firmly attempts … to turn it [economics] into a pseudo-natural-science."[68]

: "당신은 경제학을 가짜 자연과학으로 바꾸려는 시도에 확실히 혐오감을 느껴야 한다."

"The pseudo-analogy with the physical sciences leads directly counter to the habit of mind which is most important for an economist proper to acquire."[69]

: "물리과학들(자연과학들)을 이용한 분석은 가짜이며, 그들을 이용한 분석은 경제학자가 적절하게 가지고 있어야 할 가장 중요한 마음가짐에 완전히 반대된다."

"Cournot, the celebrated father of mathematical economics, was characterized as the great parent of so many brilliant errors based on false analogies between the moral and the physical sciences."[70]

: "수학적인 경제학의 아버지로 유명한 쿠르노(Cournot)는 도덕과학과 물리과학(자연과학) 사이에 존재하지 않는 유사성에 기반을 두어 너무 많은 오류를 만들어 낸 자이기도 하다."

---

67) 박우희, 『경제원리의 두 길』, p.4.
68) R. M. O'Donnell, *Keynes: Philosophy, Economics and Politics*, Palgrave Macmillan, 1989, p.160.
69) R. M. O'Donnell, *Keynes: Philosophy, Economics and Politics*, Palgrave Macmillan, 1989, p.160.
70) R. M. O'Donnell, *Keynes: Philosophy, Economics and Politics*, Palgrave Macmillan, 1989, p.160.

자연과학과 도덕과학은 '과학'이라는 공통점이 있지만, 서로 다른 점이 더 많다. 자연과학과 도덕과학이 세상을 바라보는 관점이 서로 다르므로, 각각 적용될 수 있는 적절한 현상도 다르며, 연구 방법 역시 서로 다를 수밖에 없다. 따라서 도덕과학이 자연과학으로 수렴하려 하거나, 도덕과학이 자연과학에 기반을 두어 모형화(모델링)를 하려면 반드시 오류가 생겨난다고 케인스는 강력히 주장한다. 케인스는 경제학을 도덕과학으로 보았기 때문에, 경제학에 자연과학에 사용하는 접근 및 방법을 적용하면, 반드시 오류가 생겨난다고 주의를 환기한다.

케인스에게 경제학이란?
(3) 인간의 주관적 요소를 고려해야 하는 학문

"But these [facts of industry and trade], and the relation of individual men to them are constantly and rapid changing."[71]

: "그러나 이러한 산업과 무역의 사실들, 그리고 그들과 각 개인의 관계는 끊임없이 빠르게 변화하고 있다."

"The facts of the world shift. Shaw and Stalin are still satisfied with Marx's picture of the capitalist world, which had much verisimilitude in his day but is unrecognizable, with the rapid flux of the modern world, three-quarters of a century later."[72]

: "세계가 말해주는 사실 자체가 변화한다. 쇼(Shaw)와 스탈린(Stalin)은 그 시대에는 믿을 만했던, 마르크스가 그린 자본주의 세계에 대한 그림에 여전히 만족할지도 모른다. 그러나 3/4세기가 지난 지금은, 현대 사회의 아주 급하게

---

71) R. M. O'Donnell, *Keynes: Philosophy, Economics and Politics*, Palgrave Macmillan, 1989, p.163.
72) R. M. O'Donnell, *Keynes: Philosophy, Economics and Politics*, Palgrave Macmillan, 1989, p.163.

변화하는 흐름 속에서 더는 마르크스의 그림은 알아볼 수가 없다."

"the material of economics is shifting as well as complex."[73]

: "경제학이 다루는 문제들은 복잡할 뿐만 아니라 변화하고 있다."

"unlike the typical natural science, the material to which [economics] is applied is, in too many respects, not homogeneous through time."[74]

: "일반적인 자연과학과는 달리, 경제학이 다루는 문제는 너무 많은 측면에서, 시간에 따라 동질적이지 않다."

앞서 살펴보았듯, 자연과학과 달리 경제학은 도덕과학에 속하며, 인간의 마음 및 정신, 그리고 일상적인 그들의 활동과 행위를 다루는 학문이므로 반드시 인간의 주관적 요소가 개입된다. 경제학은 '내성(자기 성찰)', '가치', '동기', '기대', '심리적 불확실성'과 같은 것에 관련되어 있으며, 시간의 흐름에 따라 동질적이지 않다. 즉, 시간이 변화함에 따라 경제가 다루고 있는 현상의 성격도 변화한다. 자연현상은 시간이 지나도 일정하고, 불변하지만, 경제학이 다루는 현상은 인간의 시시각각 변화하는 주관적 요소가 개입되기 때문에 시간의 흐름에 따라 변화한다. 경제학이란, 인간의 일상적 행동과 합리적 선택들을 다루는 과학이라고도 할 수 있는데, 매우 많은 요소가 서로서로 영향을 주고받고 있을 뿐 아니라, 인간의 마음, 정신도 계속 변화해가고 있으므로, 경제현상 또한 자신의 모습을 빠르게 바꾸는 것이다.

예를 들어, 자연과학에서의 만유인력 법칙은 뉴턴이 살았던 시대에는 맞고, 현대 시대에는 틀린 것이 되는 것이 아니다. 자연과학이 다루는 현상

---

73) R. M. O'Donnell, *Keynes: Philosophy, Economics and Politics*, Palgrave Macmillan, 1989, p.163.
74) R. M. O'Donnell, *Keynes: Philosophy, Economics and Politics*, Palgrave Macmillan, 1989, p.163.

은 시간의 흐름에 따라 동질적이기 때문에 만약 만유인력 법칙이 뉴턴이 살았던 시대에 아주 완벽하게 논리적으로 설명될 수 있었다면, 현재에도 마찬가지일 것이고, 실제 현상과도 맞아떨어질 것이다. 사과는 자연의 법칙에 따라 필연적으로 지구의 중심으로 끌어당겨져야 하며, 따라서 땅에 떨어져야만 한다. 그것이 자연법칙이다. 그러나 경제학은 그렇지 않다. 경제학에서 다루는 '사람들'은 기계적인 법칙에만 따르는 물리적인 물질로만 다루어지는 것이 아니다. 그들은 변화하지 않는 어떤 법칙에 필연적으로 의존하거나, 따르지만은 않는다. 주변의 환경 변화, 내적인 동기의 변화 등에 의해 언제든지 기존의 법칙이라고 알려진 바를 벗어나 행동할 수 있다. 애덤 스미스가 살았던 시대, 케인스가 살았던 시대, 마르크스가 살았던 시대의 각각의 경제학은 각 시대에는 완벽하게 맞았을지 모르나, 현대 시대에는 달라진 경제 현상 때문에 틀릴지도 모른다. 각 시대마다 어떤 경제 원리가 맞기도 하고 틀리기도 하다는 것이다. 이는 경제현상이 시간에 따라 변화하기 때문이며, 시간의 흐름 속에 동질적이지 않은 이유는, 근본적으로 경제학이 인간의 일상을 다루는 학문이라 주관적 요소들이 개입될 수밖에 없기 때문이다. 따라서 계속해서 변화하는 경제 현상에 예민하게 반응하며 '현재'의 경제학을 해야 한다는 것이다.

▌제2절 케인스가 생각하는 경제학의 방법

제2절에서는 케인스가 경제학을 어떻게 연구해야 한다고 생각했는지에 초점을 맞춰 살펴볼 것이다. 앞서 우리는 케인스의 인식론을 살펴보았는데, 바로 이 케인스의 경제학 방법론을 좀 더 분명하게 이해하기 위해 살펴보았다.

실제 경제 현상에 대한 경험과 직관(통찰력)

"the art of choosing models … relevant to the contemporary world."75)

: "실제 현실 세계와 관련한 모델을 만드는 예술"

The actual constitution of the phenomenal universe determines the character of our evidence … 76)

: 우주를 '실제' 구성하고 있는 것들이 우리의 이론의 '증거'가 된다.

케인스는 경제학이 실제 세계에서 현재 일어나고 있는 현상과 최대한 밀접한 관련을 맺어야 한다고 주장했다. 우리가 사는 바로 그 시대에, 현재 일어나고 있는 바로 그 현상을 설명해줄 수 있는 이론 및 원리, 법칙을 발견해야만 한다. 경제 이론은 우리가 살면서 느끼는 경험, 아무도 의심하지 않을 것 같은 실제 현상을 그대로 반영하고 있어야 한다고 케인스는 주장한다.

물론 이론을 만들어내기 위해서는 어느 정도의 '가정(assumption)'이 필요하다. 그러나 케인스는 이 가정 또한 현실과 맞닿아 있어야 정당화된다고 주장했다. 후에, 그의 대표 경제학 저서 『일반이론(General Theory)』을 분석하며 살펴볼 테지만, 케인스는 고전파의 경제이론의 오류를 지적하는데, 그들의 오류의 원인은 상부구조에 있는 것이 아니라, 그 상부 구조들을 모두 떠받치고 있는 가장 아래의 공준, 즉 '가정'에 있음을 지적한다. 그 근본 가정이 실제 경제 현실과 맞지 않게 설정되었기 때문에, 결국 실제 경제 현상

---

75) R. M. O'Donnell, *Keynes: Philosophy, Economics and Politics*, Palgrave Macmillan, 1989, p.210.

76) R. M. O'Donnell, *Keynes: Philosophy, Economics and Politics*, Palgrave Macmillan, 1989, p.101.

과 맞지 않은 잘못된 결론, 경제법칙이 나오게 된다는 것이다.

현재의 경제 현상에 주목해서 이론을 만들어야 하고, 또 시간이 흐름에 따라 경제 현상은 쉽게 변화할 수 있음을 근거로 한다면, 자연스레 우리는 그때그때 일어나고 있는 일에 대해 예민하게 알아차릴 수 있는 감각이 필요함을 알 수 있을 것이다. 현재 일어나고 있는 현상에 최대한 빠져들어 주목하는 것, 혹시나 경제 현상이 변화하고 있다면, 그 흐름마저 파악해낼 수 있는 능력이 필요한 것이다. 따라서 케인스는 경험만이 지식을 구성할 수는 없다고 주장했지만, 경험(experience)은 지식을 얻기 위한, 절대 없어서는 안 될 요소라고 주장했다. 실제 일어나고 있는 현실 세계의 현상에 대한 '경험'은 우리의 지식을 구성하기 위한 가장 최초의 재료이자, 가장 근본적인 자료, 근거, 이유다.

우리는 이렇게 중요한 '경험'을 앞서 케인스의 인식론에서 살펴본 '직접 대면(direct acquaintance)'과 연관 지을 수 있다. 우리는 이 세계에 존재하고 있다. 즉, 이 세계의 현상 안에 존재한다. 그러므로 무수한 현상이 우리를 계속해서 자극하고 있으며, 이러한 자극 속에서 우리는 그들을 직접 대면하며, 경험한다. 따라서 경제 원리를 알아내기 위해 가장 우선으로는, 현실 세계에서 일어나는 현상을 가능한 풍부하게 느끼고, 있는 그대로 경험하고, 나와 현상이 하나가 되어 만나는 직접 대면까지 할 수 있어야 한다.

참된 지식으로의 첫걸음, 현상의 본질(essence, nature) 직관

이렇게 예리한 직접 대면과 경험을 통해 느낀 것들을 정확하게 지각하더라도, 감각과 감성을 통해 느꼈기 때문에, 언어로 표현하기는 힘든 상태일 수 있다. 그 전에 경험해보지 못한 새로운 느낌을 경험했을 때 우리는 대부분 형용할 수 없다고 말한다. 현실 세계에서의 느낀바 그대로를 지식(knowledge)으로 소화하기 위해, 그 다음 작업이 필요하다. 바로 '본질

(nature, essence)'을 정신으로 직관해내는 것이다. 지성(혹은 이성)을 통해, 실제 사건들 속에 있는 '진실'을 뽑아내 포착할 수 있어야 하고, 현상 아래 흐르고 있는 본질을 꿰뚫어내야 한다는 것이다.

케인스는 다음과 같이 언급한 적이 있다.

He [the economists] must contemplate the particular in terms of general, and touch abstract and concrete in the same flight of thought.[77)]

: 그(경제학자)는 특수한 것을 일반적인 것의 관점에서 관조해야 하며, 추상적이고 구체적인 것을 똑같은 생각의 흐름 속에서 다루어야 한다.

여기서 '특수한 것'과 '구체적인 것'은 우리가 앞서 말한 직접 대면, 경험, 감각, 지각과 관련된 것들이다. 우리는 이러한 것들을 '일반적인 것'과 '추상적인 것'으로 소화해낼 수 있어야 한다. 즉, 본질을 담고 있는 '개념 (concept)'을 발견할 수 있어야 한다는 것이며, 그 방법은 바로 관조 (contemplate)이다.

정신을 통해 본질을 직관하는 것은 자명한 진실들(self-evident truth)을 알아낼 수 있게 도와준다. 물론 이러한 진실 및 본질은 처음부터 아주 완벽하게 명료하게 보이지는 않는다. 본질의 전체 모습 중 일부만 보일 수도 있고, 아주 흐릿하게만 보일 수도 있다. 그러나 케인스는 정확하지 않은 전제들에 의존하는 것보다는, 흐릿하지만 본질을 확실하게 품고 있는 전제들에 의존해야 한다고 보았다.

직관이 뛰어났던 경제학자들의 예

정신으로 본질을 꿰뚫는 직관이 뛰어났던 경제학자들로 케인스는 맬서

---

77) R. M. O'Donnell, *Keynes: Philosophy, Economics and Politics*, Palgrave Macmillan, 1989, p.208.

스(Malthus)와 마셜(Marshall)을 소개한다. 맬서스와 마셜은 모두 철학자에서 시작해서 경제학자가 되었다는 공통점이 있다.

케인스는 맬서스를 다음과 같이 소개한다.

"the inductive and intuitive investigator who hated to stray too far from what he could test by reference to the facts and his own intuitions."[78]

: "실제 사실들과 그만의 직관을 참조하여, 생각할 수 있는 것에서 너무 멀리 벗어나는 것을 싫어했던, 귀납적이고 직관적인 연구자"

"he perceived ⋯ what was true, talked plain sense, and advanced ideas which should never have ceased to be obvious."[79]

: "그는 참인 것들을 인식했고, 평탄한 감각을 말했고, 계속 명백한 아이디어들을 발전시켰다."

"Malthus approached the central problems of economic theory by the best of all routes. He began to be interested as a philosopher and moral scientist, ⋯ applying the a priori method of the political philosopher. He then immersed himself for several years in the facts of economic history and of the contemporary world, applying the methods of historical induction and filling his mind with a mass of the material of experience. And then finally he turned to a priori thought, but this time to the pure theory of the economist proper, and sought ⋯ to impose the methods of formal thought on the material presented by events, so as to penetrate these events with understanding by a mixture

---

78) R. M. O'Donnell, *Keynes: Philosophy, Economics and Politics*, Palgrave Macmillan, 1989, p.211.
79) R. M. O'Donnell, *Keynes: Philosophy, Economics and Politics*, Palgrave Macmillan, 1989, p.211.

of intuitive selection and formal principle and thus to interpret the problem and propose the remedy."[80]

: "Malthus는 최고의 방법으로 경제 이론의 핵심 문제에 접근했다. 그는 철학자이자 도덕 과학자로서 관심을 가지기 시작했고, 정치 철학자의 선험적 방법을 적용했다. 그런 다음 그는 역사적 귀납법을 적용하고 많은 경험 자료로 정신을 채우면서 경제사 및 현대 세계의 사실들에 수년 동안 몰두했다. 그리고 마침내 그는 선험적인 생각으로 들어섰다. 이번에는 순수 경제학자로서의 경제이론에 접근했고, 실제 현실에서 벌어진 사건들이 주는 여러 자료에 형식적인 사고 방법을 적용하였다. 문제를 해석하고 해결방법을 제시하기 위해 직관적인 선택과 형식적인 원리를 융합하여 실제 세계에서 벌어지는 사건들을 이해했다."

"I claim for Malthus a profound economic intution and an unusual combination of keeping an open mind to the shifting picture of experience and of constantly applying to its interpretation the principles of formal thought."[81]

: "나는 맬서스(Malthus)가 심오한 경제적 직관을 하고 있다고 주장한다. 또한, 그는 계속 변화하는 경험에 대해 열린 마음을 가지면서도, 형식적 사고를 하며 경험 해석에 원리, 원칙들을 지속해서 적용하였다고 주장한다. 그는 (경제학에) 특이한 융합을 사용했다."

케인스는 그의 스승이었던 마셜(Marshall)도 아주 뛰어난 경제학적 직관과 심오한 통찰력을 가지고 있었음을 주장했다.

---

80) R. M. O'Donnell, *Keynes: Philosophy, Economics and Politics*, Palgrave Macmillan, 1989, p.211.
81) R. M. O'Donnell, *Keynes: Philosophy, Economics and Politics*, Palgrave Macmillan, 1989, p.211.

"That is to say, their intuitions will be in advance of their analysis and their terminology. Great respect, therefore, is due to their general scheme of thought."[82]

: "즉, 그들의 직관은 분석과 용어에 앞서 있는 것이다. 그러므로 그들의 일반적인 사고방식에 큰 존경을 표한다."

"amalgam of logic and intuition and wide knowledge of facts"[83]

: "논리와 직관의 융합, 실제 사실에 대한 폭넓은 지식"

논리와 직관 모두가 중요한 경제학

케인스는 경제학이 직관도 중요하지만 '논리'도 그만큼 중요하다고 주장했다. 경제 현상은 매우 복잡하며, 여러 원인과 결과의 관계들이 복잡하게 얽혀있다. 복잡하게 연결된 관계들을 풀어내 일목요연하고 논리적으로 설명해내는 것이 과학의 업무 중 하나이다. 바로 이때 필요한 것이, 여러 파편으로 이루어져 처음에는 서로 무슨 관계를 맺는지 전혀 모르겠는 지식들 사이에서 점차 논리적인 관계들을 파악해내는 능력이다.

케인스는 일반이론을 통해, '고용'과 '소비', '투자' 그리고 '유효수요' 등의 촘촘한 관계를 아주 분명하게 논리적으로 풀어냈다. '소비'와 관련한 현상을 경험하고, 이에 대한 실질적 정의를 내리면서도, '소비'가 어떤 개념, 명제와 어떻게 연결될 수 있으며, 어디에 어떻게 영향을 주는지에 대해 논리적으로 파악하는 능력도 매우 뛰어났다.

---

82) R. M. O'Donnell, *Keynes: Philosophy, Economics and Politics*, Palgrave Macmillan, 1989, p.211.
83) R. M. O'Donnell, *Keynes: Philosophy, Economics and Politics*, Palgrave Macmillan, 1989, pp.209 – 210.

경제학과 수학

그렇다면 경제학과 수학의 관계에 대해서는 케인스가 어떻게 생각했을까? 수학은 공리로부터 시작하여 아주 연역적, 필연적, 논리적으로 모든 명제가 촘촘하게 연결되어 있다. 케인스는 수학이 경제학의 전부가 되어서는 안 된다고 주장한다. 즉, 경제학은 수학의 도움을 받는 것이지, 수학이 경제학의 주인이 되면 안 된다는 것이다. 그는 경제 현상을 분석할 때, 그들의 논리적 관계도 중요하지만, 변화하는 실제 경제 현상의 생생한 경험과 그 현상 아래 진정한 본질 직관 또한 중요하다고 보았기 때문이다.

그렇다고 수학이 전혀 필요 없다고 오해해서는 안 된다. 현대 경제학의 발전에 수학이 아주 큰 영향을 준 만큼, 수학은 경제학에서 매우 중요하다. 수학은 경제학이 다루는 현상 속에서 논리적인 관계들을 아주 잘 표현해줄 수 있고, 또한 직관적으로 포착한 논리들을 아주 엄격한 수학 논리 체계를 적용하여 점검해서 더 발전시킬 수 있다. 수학이 경제학의 주인이 되어서는 안되지만, 수학과 경제학은 함께 발전해 갈 수 있는 좋은 동료 같은 관계라는 것이다.

케인스가 생각하는 훌륭한 경제학자란?

"the master-economist must possess a rare combination of gifts… He must be mathematician, historian, statesman, philosopher — in some degree… No part of man's nature or his institutions must lie entirely outside his regard."[84]

: "훌륭한 경제학자는 여러 재능을 조화롭게 가지고 있어야 한다. 그는 수학자,

---

84) R. M. O'Donnell, *Keynes: Philosophy, Economics and Politics*, Palgrave Macmillan, 1989, p.164.

역사가, 정치가, 철학자여야 한다. — 인간의 본성이나 제도와 관련한 어떤 부분도 그(경제학자)의 관심을 벗어나서는 안 된다."

케인스는 인간의 삶과 관련을 맺는 아주 다양한 것들을 다루기 위해, 경제학자는 관심사가 다양해야 한다고 주장한다. 더군다나 앞서 말했듯, 인간의 주관적인 요소들이 개입되는 현상을 경제학이 다루기 때문에, 현상을 예민하게 감각하고(느끼고) 경험하는 능력, 정신을 통해 현상의 본질을 있는 그대로 정확하게 꿰뚫어내는 능력, 현상 속 숨은 논리적인 관계를 포착해 원리와 법칙을 추론해내고 합리적으로 설명해내는 능력이 모두 필요하다. 이는 뒤에서 다루겠지만, 경제학이 어떻게 예술, 철학, 과학과 밀접한 관련을 맺는지의 논의와 이어진다.

▌제3절 케인스가 생각하는 경제학의 목적 : 경제학과 윤리학

Philosophically, the role of economics was that of service to the higher discipline of ethics. (PEP p.164)

: 철학적으로, 경제학의 역할은 더 상위의 영역인 윤리학에 대한 기여이다.

Ultimately, Keynes's goal was the development of an ethically rational society consciously tending towards higher levels of goodness; and economics, like all moral sciences, was an instrument in its attainment.[85]

: 궁극적으로, 케인스의 목표는 의식적으로 더 높은 수준의 '선'을 추구하는 윤리적으로 합리적인 사회의 발전이었다. 그리고 다른 모든 도덕 과학들과 마

---

85) R. M. O'Donnell, *Keynes: Philosophy, Economics and Politics*, Palgrave Macmillan, 1989, p.164.

찬가지로 경제학도 그 목표 달성을 위한 도구였다.

His(Keynes) thought was not therefore narrowly circumscribed to the management of aggregate demand and supply for economic objectives, but embraced the much wider conception of an ethically fulfilling society and how we might progress towards this utopia.

: 따라서 그(케인스)의 생각은, 경제학이 다루는 분야는 총수요와 총공급의 관리와 관련될 뿐만 아니라, 윤리적으로 이상적인 사회에 대한 훨씬 더 넓은 개념과 우리가 어떻게 이 유토피아로 나아갈 수 있는지에 대한 것을 포함해야 한다는 것이었다.

케인스는 경제학과 윤리학이 매우 밀접한 관계를 맺고 있다고 생각했다. 윤리학은 우리가 어떻게 살아야 하는지, '선'이란 무엇인지, 더 행복한 사회란 어떤 사회인지, 이에 어떻게 도달할 수 있을지 등등 우리의 삶과 밀접한 관련을 맺는 질문들에 관해 탐구하는 학문이다. 즉, 경제학이 '현재' 우리의 일상과 그 주변에서 일어나는 모든 것에 관해 탐구하는 학문이라면, 윤리학은 '미래'의 우리가 도달해야 할 지점을 비춰준다고 할 수 있다. 따라서 경제학은 총수요, 총공급, 소비, 생산, 분배 등의 문제뿐만 아니라 윤리적으로 이상적인 사회는 어떤 사회인지, 경제학은 과연 어떤 유토피아를 향해 나아가야 하는지에 대해서도 열렬히 탐구해야 한다는 것이 그의 생각이었다.

제4장
저자의 경제철학:
경제학과 예술, 철학, 과학의 관계를 중심으로

제1절 저자가 생각하는 경제학의 정의

사실 경제학을 아직 충분하게 경험하고 알지 못하는 단계에서 섣부르게 경제학은 이것이다, 저것이다 판단하는 것이 매우 염려스럽다. 어떤 경계를 정해두고, 이것은 경제학이고 이것은 경제학이 아니라고 판단하는 것은 매우 어려울뿐더러, 그렇게 한정적으로 정의하는 것이 과연 경제학의 발전에 도움이 될까에 대해 의문이 들기도 한다. 그러나 저자는 경제학과(학사)에 재학하며, 끊임없이 '경제학은 대체 뭐지? 어떤 학문이지? 무엇을 구체적으로 다뤄야 하지?'라는 질문을 던져왔다. 그리고 마침내 선택의 순간이 왔다. 경제학의 세계로 더 깊게 들어갈지 다른 곳으로 시선을 돌려볼지 결정해야 하는 순간 말이다. 선택의 순간에서, 나름대로 경제학에 대한 생각을 정리하고, 정의를 내려보는 것은 저자에게는 꽤 의미 있는 작업이라고 생각했다. 따라서 이 책을 써내려가게 되었고, 케인스의 발자취를 따라 걸어왔다. 물론 저자가 생각하는 경제학의 정의에 동의할 수도 동의하지 않을 수도 있을 것으로 생각한다. 그저 하나의 경제학을 보는 관점 중 하나로 봐줬으면 한다.

경제학 정의의 핵심: 인간의 일상 세계를 탐구하는 학문

저자가 생각하는 경제학이란, 케인스가 소개한 경제학의 정의와 매우 유사하다. 저자 또한 경제학이 인간의 일상, 생각, 행동 등을 탐구해가는 학문이라고 생각하며, 따라서 인간의 주관적 요소들이 개입된 현실 세계를 탐구해야 하고, 자연과학보다는 도덕과학에 속할 수 있다고 생각한다. 경제학을 정의할 때 포인트가 되는 점은 바로 '인간의 일상, 삶'을 다룬다는 점이다. 인간은 삶을 살아가는 동안 수많은 것들과 밀접한 관련을 맺으며 살아간다. 다른 인간과 관계를 맺기도 하고, 이 사회 구조 속에서 영향을 주기도 했다가, 받기도 하고, 또 끊임없는 물질세계 및 자연과 상호작용하며 다른 생명체들과도 상호작용한다. 인간의 의도가 개입된 행동은 자연 세계를 변화시키기도 하고, 코로나바이러스(COVID-19)와 같은 자연의 현상이 인간의 삶에 치명적인 영향을 끼치기도 한다. 한 인간의 일상은 그와 연결된 세계의 모든 것들이 상호작용하며 만들어진다. 경제학이 인간의 일상을 탐구하는 학문이라고 한다면, 인간과 자연, 인간과 사회, 인간과 인간, 인간과 세계에 존재하는 그 어떤 것의 '관계와 상호작용'을 탐구하고, 그 상호작용이 그의 일상에 미치는 영향을 탐구하는 학문이라고 할 수 있겠다.

예를 들어, 전 세계를 강타한 코로나바이러스와 물가 상승률의 관계를 분석하는 논문이 있다고 해보자. 이 논문은 두 요소의 관계를 신속히 분석해냈다는 것만으로도 충분히 훌륭한 논문이고, 또한 '물가상승률'에 대해 다루고 있으므로 당연히 경제학 논문이라고도 분류해야 한다고 생각할 수 있다. 그러나 저자는 이 논문에 하나가 더 추가되어야 진정한 경제학 논문이 될 수 있다고 생각한다. 바로 바이러스와 물가상승률의 관계에 더해 그 관계로 인해 과연 인간의 일상은 어떻게 변화되고, 어떤 극적인 영향을 받았는지, 즉 인간이 살아가는 세계는 두 요소의 관계 혹은 두 요소와 어떤 연관이 있는지를 분석하는 것이다.

흔히 경제학이라고 하면, '돈'을 많이 떠올릴 것이다. 경제학은 '돈의 학문'이라고도 알려졌다. 그러나 경제학이 '돈'을 다루는 이유는, 현 자본주의의 사회에서 돈이 인간의 일상에 매우 큰 영향을 주고 있기 때문이라고 생각한다. 만약 외계인이 나타나거나 혹은 아주 혁신적인 학자가 나타나 돈이 중심이 되는 체제가 아닌 돈이 필요가 없는 다른 체제를 제시한다고 상상해보자. 만약 그 체제가 돈이 반드시 있어야 하는 체제보다 훨씬 더 훌륭하다고 인정할 수 있다면, 경제학은 인간의 일상에 더욱 큰 영향을 주는 바로 그 새로운 체제에 관한 연구로 주제를 바꿀 것이다.

경제학이란, 한 인간이 자신의 삶을 경영해나가듯, 인류의 일상, 생각, 행동들을 탐구하여 이론을 구축하고, 이를 바탕으로 사회를 경영해나가며, 결국에는 더 나은 일상을 인류가 영위할 수 있도록 해야 한다. 돈, 자본주의, 이자율, 수요, 공급과 같은 모든 경제용어나 원리들은 인간의 일상과 매우 동떨어진 것처럼 보이지만, 사실 그 무엇보다 인간의 일상에 아주 깊은 관심을 지니고 만들어진 용어 혹은 개념들이다. 저자는 경제학이란, 인간의 일상을 탐구하는 학문 혹은 좀 더 좁혀 말하자면 인간과 관계를 맺는 모든 것들과 인간의 상호작용을 연구해나가는 학문이라고 생각한다.

제2절 저자가 생각하는 경제학의 특징

인성과 물성이 모두 결합된 경제 현상

앞서 말했듯, 경제학은 인간의 일상과 전반된 모든 것을 탐구하는 것이므로, '인간'은 경제학에서 필수적인 요소이다. 그리고 인간은, 이성을 가지고 합리적이고 논리적으로 행동하기도 하지만, 마음, 심리, 영혼, 감정에 따라 움직이기도 한다. 즉, 자유의지, 창의성, 직관 등에 의해 행동하기도 한다. 따라서 자연이나 로봇과 같이 정해진 인과관계에 의해 기계적으로만 움직이지 않는다. 모든 사람들은 이기적이었다가도 이타적일 수 있으며, 과거엔 A라는 사건에 대해 A1로 반응했다가, 현재엔 B1이라는 반응을 할 수도 있는 것이다. 인간의 심리학적, 감정적, 자유적, 창의적인 면에 의해 인간의 행동은 논리적으로만 이해되지 않는다. 만약 인간의 행동과 인간의 삶, 일상 전반이 논리적인 관계, 법칙으로만 모두 해명 가능하다면, 자연 현상처럼 경제 현상도 논리적 관계 및 구조에만 기반해 미래에 대한 정확한 예측이 가능할 것이다.

'물성'은 물리학이나 수학에서 가장 크게 나타나는 성질이며, 정확하고 필연적인 논리적 관계에 의해 어떤 현상을 분석할 수 있을 때, 그 현상은 물성을 많이 함유한 현상이라 부른다. 반면, '인성'을 많이 함유한 현상은 말 그대로 반드시 논리적인 법칙에 의해 움직이지만은 않는 '인간'이 개입되어, 정확한 논리적 인과관계보다는 느낌(감각 및 지각)과 직관에 의존해야 하는 현상들을 말한다. 예를 들어, "왜 착한 아이 콤플렉스가 나타나는가?"와 같은 질문에 대한 답은, "왜 사과는 땅으로 떨어지는가?"에 대한 답만큼 논리적이고 필연적인 관계로 설명하기 힘들다는 것이다.

좀 더 쉬운 예를 들어, 배터리가 부족하면(원인), 경고음을 울리도록(결과) 설정된 로봇은, 배터리가 부족할 때는 어김없이 경고음을 울려댈 것이다. 이게 자연 현상이자, 자연의 법칙이다. 따라서 자연 현상은 보다 더 정확한 예측이 가능하다. 배터리가 곧 떨어질 로봇을 보고, 경고음이 곧 울리겠구나를 예측할 수 있는 것처럼 말이다. 그러나, 인간은 다르다. 인간은 목이 마르면, 물을 마실 수도 있고 안 마실 수도 있다. 인간은 자신이 자유롭게 '선택'할 수 있다. 따라서 시시각각 변화하는 인간에 의해 수많은 변수가 생기고, 따라서 미래에 대한 정확한 예측이 쉽지 않다. 물론, 인간의 본질을 정확하게 꿰뚫고 있다면, 인간이 어떤 상황에서 어떻게 행동할지를 보다 정확히 예측할 수 있으며, 인간이 지구에 살고 있는 한, 중력의 영향을 벗어날 수는 없는 것처럼 어떤 필연적 법칙들에 어쩔 수 없이 영향을 받기도 한다. 우리가 몸에 수분이 부족하면, 물을 떠올리는 것, 졸리면 하품을 하는 것, 몸에 바이러스가 침입하면 열이 나는 것, 누군가 자존심을 긁으면 화가 나는 것 등은 우리의 행동들이 완벽하게 자유의지에 의해 이뤄지는 것이 아님을 알려준다.

따라서 정확하게 논리적인 인과관계로만 설명하기 힘든 인간의 행동, 삶, 일상들을 다루는 경제 현상은 '인성'이 개입되어 있다. 그러나 다른 역사학, 심리학, 사회학보다는 '물성'이 더 개입되어 있다. 왜냐하면 경제학은 인간의 일상에서 나타나는 '상호작용'을 연구하고, 이들을 변수와 함수 등을 통해 모델링(모형화)하는 학문이기 때문이다. 따라서 경제학은 심리학보다는 '물성'이 강하며, 수학이나 물리학보다는 '인성'이 강하기 때문에, 그 둘의 중간에 서있는 학문이라 할 수 있다.

▌제3절 저자가 생각하는 경제학의 방법

저자는 앞서 경제학이 우리의 '복잡하고 다채로운 일상의 여러 상호작용'을 다루는 학문이라고 주장했다. 실제 우리의 일상을 자세히 들여다보면, 참 많은 것들과 상호작용하고 있어 매우 동적임을 알 수 있다. 마치 끊임없이 흐르는 물처럼 말이다. 출렁이는 파도 위에 어떤 투명한 막이 있다고 생각해보자. 계속해서 높아졌다가 낮아졌다가 천천히 흘렀다가 빨리 흘렀다가 앞으로 갔다가 뒤로 갔다가를 반복하는 파도의 활기찬 움직임에 의해 그 위에 있는 투명한 막도 파도의 움직임에 따라 그 모양을 바꿔갈 것이다. 바로 여기서 끊임없이 파도를 일으키고 바다를 움직이는 힘이 바로 경제 현상의 본질이고, 출렁이는 파도와 바다가 '경제 현상'이며, 그 위에 있는

투명한 막이 경제 현상에 존재하는 어떤 법칙, 원리, 지식이라는 것이 저자
의 생각이다.

또한, 경제학은 '인간'이 개입되어 '인성'을 가지면서도, 그와 관련된 모
든 '상호작용'을 연구하므로 '물성'을 가지기도 한다고 주장하였다. 즉, 경제
현상은 '인성'과 '물성' 모두를 가지고 있는 것이다. 따라서 어떤 부분은 철
저하게 논리적으로 분석 가능한 부분이 있을 수 있다. 따라서 수학과 물리
학의 엄밀함이 경제학에 도움이 될 수도 있을 것이다. 예를 들어, 케인스의
경우, 여러 변수들과 개념들을 적절히 선택한 후, 이들의 논리적인 관계를
밝혀 간접적인 지식들을 이끌어낼 때에는, 그래프, 함수, 변수, 수식, 논리
적 설명 등을 통해 경제 현상을 설명해냈다. 반면 어떤 부분은 논리적으로
설명하기가 힘들고, 경제 현상을 직접 대면하고 그에 대한 본질적 직관을
통해서만 참인 직접적인 지식을 얻을 수 있기도 하다. 특히 경제 모델, 모
형의 바탕이 되는 개념들과 변수들을 설정할 때 경험과 직관이 중요하다.
케인스는 자신의 경제 이론에 그만의 3대 심리 개념들을 도입했다. 소비성
향, 자본의 한계효율, 유동성 선호가 그것이다. 인간이 소득에 비해 얼마나
소비를 하는지에 대한 '소비성향'과, 기업가들이 투자를 할 때 작동되는 그
들의 야망, 심리적·동물적 활기, 그리고 사람들이 얼마나 유동적으로 사용
할 수 있는 현금을 선호하는가를 말하는 '유동성 선호'가 그것이다. '인성'
및 '심리'와 관련한 부분들은 케인스의 경제 이론을 이끌어가는 주된 요소
들이다. 위 세 가지 요소들은 논리적 법칙으로 이끌어낸 간접적 지식이 아
니라, 실제 현실에서 일어나고 있는 현상을 직접 감각 및 지각하고, 그 속
의 본질을 직관하여 창조한 개념이었다.

경제학은 현실을 잘 설명해주는 모델(모형)을 만드는 과학

경제학은 현실 세계와 관련 있는 모델을 택해 그 모델을 통해서 사고하는 과
학이다. 모델의 목적은 일시적이고 불규칙적인 것들에서 반영구적이고 상대적

으로 일정한 요인을 분리해내는 것이다. 경제학은 본질적으로 자연과학이 아니라 도덕과학이다. 그것은 내성을 지향하고 가치 판단을 한다.[86]

케인스는 경제학의 의무는 '모델(모형)'을 만드는 것이라고 주장했다. 그렇다면 경제 모델(모형)은 무엇일까? 사전적 의미에 의하면, "경제분석 및 예측을 목적으로 경제이론에 따라 고안된 개념의 틀(framework)"이라고 한다. 좀 더 쉽게 말하자면, A라는 체계로 어떤 B라는 체계를 이해하는 데 도움이 된다면, A는 B의 모델이라고 할 수 있다.[87]

어떤 현상을 우리가 감각하고, 직접 대면할 때에는, 무수히 많은 내용들이 우리에게 수용된다. 빨간 사과만 보더라도, 빨간색, 동그란 모양, 촉감, 윤이 나는 표면 등등의 자료들이 우리에게 수용된다. 하물며 복잡한 경제 현상이라면 말할 것도 없다. 경제 현실에서 일어나는 수많은 변수들의 상호작용과 이들을 움직이게 하는 힘들을 어떻게 체계화하여 모형화할 수 있는 것일까? 바로 이때 필요한 것이 추상화이다. 수많은 변수들의 움직임 속에서 특정 부분만 사진처럼 찍어 분석하는 것이다.

예를 들어, 코로나바이러스로 인한 사회적 거리두기와 기업의 투자와의 관계를 분석한다고 해보자. 이들의 상호작용 및 관계는 이 사회, 아니 우주의 배경에서 이뤄지고 있다. 그러나 다른 모든 것들을 제외하고, 오직 '사회적 거리두기'와 '기업의 투자'라는 요소만 뽑아내어 이들 사이에 흐르고 있는 힘, 원리, 상호작용을 분석해내려고 한다고 해보자. 우선 '사회적 거리두기'와 '기업의 투자'의 관계를 단순하게 직접적 지식으로 알아낼 수가 없다. 따라서 이들의 관계에 대한 지식은, 논리적인 추론에 의해 간접적으로 얻어질 것이다. 그렇다면 우리는 이 모델의 배경이 되는 '가정들'을 직접적 지식들과 또 그 직접적 지식들로부터 유도되는 다양한 간접적 지식들로 채워

---

86) 박우희, 『경제원리의 두 길』, pp.138-139.
87) 박우희, 『경제원리의 두 길』, p.138.

넣어야 한다. 바로 이 가정들로부터 우리가 추론해내고자 하는 두 변수의 상호작용에 대해 논리적으로 추론해갈 수 있는 것이다.

그렇다면, 이 가정들은 어떻게 세워야 하는걸까? 우선 '사회적 거리두기'와 '기업의 투자'라는 것이 무엇인지 그 본질을 정확하게 포착해야 한다. 이 개념의 본질을 정확하게, 현실에 맞게 꿰뚫어 볼수록 '참인 정의(definition)'가 만들어지게 되고, 이로부터 여러 지식들을 논리적으로 이끌어낼 수 있다.

이런 의문이 들 수가 있다. '사회적 거리두기'라는 개념은 새로운 것이라고 하더라도, '기업의 투자'의 개념은 고전적으로 받아들여오고 있는 정의와 그 본질적 의미가 정해져 있는데, 또 '투자'라는 개념의 본질을 생각해봐야 하는 것인가?

그렇다. 왜냐하면, 자연 과학이 다루는 자연 현상과 달리, 경제학은 계속해서 변화하고 있는 경제 현상을 다룬다. 경제학이 자연과학이 아니라 '도덕과학'에 속하는 이유도 바로 그 때문이다. '인간'이라는 주관적 요소의 개입으로, 경제 현상은 계속해서 변화하고 있다. 따라서 '생산, 소비, 투자, 분배, 실업, 고용' 등의 경제적 개념들을 '현재' 경제 현상에 맞게 이해하기 위해서는, 어떤 개념에 대한 기존의 본질 설명이 정말 그 개념을 정확히 다 설명해 줄 수 있는 것인지, 혹시 기존의 개념에 새로운 요소들이 개입되어 그 본질적인 핵의 성질이 변화하진 않았는지를 살펴봐야 할 것이다. 대표적으로 케인스는, 기존의 '유효수요'의 의미를 이해한 후, 이를 더 밀고 들어가 그가 살고 있는 현실에 맞게 본질을 파악하여 고용이론을 전개해갔다.

또한 '사회적 거리두기'처럼 새로운 개념이 생겨날 때, 그 본질 파악도 중요하다고 볼 수 있다. 끊임없이 새로워지고 변화하고 있는 시대의 흐름에 맞게, 과연 각 개념들을 어떻게 정확하게 꿰뚫어볼 것인지는 매우 중요하다고 할 수 있다. 철학에서의 혁신은 새로운 개념의 발명이나 기존의 개념에 대한 새로운 의미, 본질의 포착으로 이루어지듯, 경제학도 마찬가지다. 다채롭게 흘러가는 경제 현상에서 개념의 본질을 포착해 새로운 개념을 만들고, 그 틀을 기반으로 새로운 모형을 만들어갈 수도 있고, 기존의 개념의 의미가 현실과 맞지 않는 것 같다면, 기존의 개념을 이루는 요소들을 다시 현시대에 맞게 정확히 파악하여 전체적인 모델 체계를 이루는 가정들, 직접적 지식들을 수정해갈 수 있다. 간단한 예로, 애덤 스미스가 살던 시대의 '노동'과 애덤 스미스가 '노동'의 본질이라고 생각했던 것과 마르크스가 살던 시대의 '노동'과 마르크스가 생각했던 '노동'의 본질, 그리고 케인스가 살던 시대의 '노동'과 케인스가 '노동'의 본질이라고 생각했던 것은 모두 다르다. 그리고 이 셋과 현 2021년에서의 '노동'의 본질은 아마 또 다를 것이다.

변화하며 흘러가는 경제 현상에 걸맞는 본질을 포착해내기 위해서는, 현상 자체에 대해 풍부하고 짙은 감각과 지각을 해야 한다. '사회적 거리두기'와 관련한 모든 현상들, '투자'와 관련한 모든 현상들, '노동'을 둘러싸고 일어나는 많은 현상들을 예리하고 민감하게 느끼고 경험할 줄 알아야 한다. 그저 '노동의 가치와 직업의 의미가 자아의 성장과 행복에 관련되고 있구나'와 같은 일상적 감각에만 그치는 것이 아니다. '노동'과 관련하여 일어나고 있는 사회의 각 계층 간에서의 의미와 가치의 차이, 노동과 경제적 보상의 관계, 각 개인의 특성마다 다른 노동에 대한 태도, 사회적 분위기 속에서의 '노동'의 의미 등등 다각도로 느끼고 경험하고 감각하며, '노동'과 관련한 현상들을 풍부하게 그 자체로 느낄 줄 알아야 한다. 마치 반 고흐가 노란 해바라기를 볼 때, 폴 세잔이 생 빅투아르 산을 볼 때, 일반인이 그저 스쳐지나갔던 새롭고 풍부한 힘들을 더 깊이 그리고 직접 느꼈던 것처럼 말이다.

따라서 경제학자는 예술적, 철학적, 과학적 능력을 고루 갖추어 현 경제 현실에 걸맞는 '모형들'을 만들고, 이들을 점차 결합하여 지금의 현실을 가장 잘 설명해줄 수 있는 이론을 만들어가야 한다는 것이다. 코프만스는 이렇게 말한 적이 있다. "모델들은 독립적으로만 현실을 설명하며, 모델들이 결합해 점차 현실을 더 잘 설명하게 된다."

정리해보자면, 경제학은 '인간의 일상을 탐구하며, 특히 그 속에서 일어나는 여러 상호작용을 모델링(모형화)'하는 학문이다. 따라서 '자연과 인간, 인간과 인간, 사회와 인간 등의 모든 상호작용'을 다룬다. 자연스레 경제학에는 '인성'과 '물성'이 모두 함유되어 있으며, 그 정도가 심리학과 물리학의 중간이라 할 수 있다.

'물성'만으로 이루어져 있지 않기 때문에, 경제 현상 및 경제 현실에 대한 직접 대면, 감각, 지각과 본질에 대한 직관이 필요하며, 그에 맞는 개념을 만드는 것이 중요하다. 또한 '인성'만으로 이루어져 있지 않기 때문에, 수학, 변수, 함수, 논리적 관계로 설명해낼 수 있는 부분은 엄밀한 자연과학처럼 다루어야 한다. 즉, 경제 현상은 육지와 바다가 혼합되어 있는 지구처럼, 물성과 인성이 혼합되어 있다. 경제 현상을 고루 어루만지면서, 논리적으로 다룰 수 있는 부분은 "엄밀한 수학 등을 이용하여 논리적 관계를 철저하게 파악해야 하는 과학적 능력"을 발휘하고, 논리보다는 새로운 개념을 창조하고, 변수를 설정하고, 가정을 성립하고, 현실에서 일어나고 있는 그 생생함을 느껴야 하는 경우에는, "감각과 직관의 능력을 최대한 발휘하는 예술적·철학적 능력"이 필요하다.

▌제4절 저자가 생각하는 경제학과 예술·철학·과학의 관계

경제학과 예술

저자에게 예술은, 이 세상에 존재하는 날 것 그대로를 고스란히 전달해주는 것 같았다. 사과를 한 번도 본 적도, 먹어본 적도, 냄새를 맡아본 적도, 만져본 적도 없는 소녀가 사과에 대한 과학적, 철학적 지식을 잔뜩 알다가 어느 순간 사과를 직접 보고, 만지고, 냄새를 맡고, 먹어봤을 때의 그 느낌은 그 전과 아주 다를 것이다. 바로 이 소녀가 직접 사과를 느끼고, 경험했을 때의 아주 생생하던 느낌, 감각, 지각, 날 것 그대로의 것, 직접 대면한 것, 바로 그것을 예술은 표현하는 듯했다. 즉, 세상과 내가 직접 만났을 때의 강렬한 느낌과 힘을 표현해내는 것 같았다. 또한, 예술가들은 보통 사람들이 쉽게 느끼거나 경험할 수 없는, 이 세계의 어떤 면에 대한 강렬한 자극을 느끼고, 이를 예술작품에 표현함으로써, 다른 사람들도 새로운 세계를 경험하고, 느낄 수 있게 만든다.

그들은 우리가 그저 지나가듯 느끼는 감각 경험들을 더욱 깊이있게 파고 들어가 그 감각의 가장 근저에까지 진입하여 그 자체를 지각한다. 예를 들어, 우리는 그저 초록빛의 큰 산의 모습을 보며 아름답다고 생각하고 넘어갈 수 있다. 그러나 세잔과 같은 예술가들은 그 산의 아름다운 모습, 그 산이 주는 감각을 밀고 들어갈 수 있는 최대한까지 밀고 들어가서 감각들 너머에 있는 그 산 자체를 더욱 깊이 지각한다. 특히, 이렇듯 예술가들이 감각 너머의 세계로 들어가 직접 현상을 대면하는 것은 뒤에 언급할 '본질을 직관'하는 철학자들의 작업과도 매우 유사하다. 물론 예술가들은 자신들의 감각, 지각 및 감성에 의존하며, 철학자들은 자신의 정신(mind)과 지성(혹은 이성)에 의존한다는 점은 분명하게 다르다.

실제 일어나고 있는 현상을 예민하고 풍부하게 대면하고, 느끼고, 경험할 수 있는 예술적 능력은 경제 현상 중 '인성'이 특히 많이 함유된 부분을 다루어야 할 때 중요하다. 왜냐하면 '인성'이 많이 개입된 경제 현상의 경우, 논리적인 사고로만 설명되기가 힘들기 때문이다. 예를 들어, '사람들은 소득이 증가하는 비율만큼 소비를 증가시키진 않는다'라는 케인스의 '소비성향 법칙'은, 이후 살펴볼테지만 그의 유효수요 이론의 핵심적인 부분을 차지한다. 그러나 이 소비성향 개념과 법칙은, 앞선 다른 명제들에 의해 논리적으로 이끌어지는 간접적 지식이 아니다. 현재 일어나고 있는, 인성이 함유된 심리 현상을 놓치지 않고 예민하게 감각하고, 그 다음 정신으로 본질을 직관(관조)하여 알아낸 직접적 지식이다.

이렇듯 실제 생생히 벌어지고 있는 경제 현상을 탐구하려는 경제학자라면, 경제 현실 세계를 정확하게 그리고 가능하면 풍부하고 예리하게 경험하고 지각할 수 있어야 한다. 인간들이 살아가고 있는 경제 현실의 세계를 있는 그대로, 혹은 그 이면까지도 보통의 사람들보다 예리하게 느껴야 한다. 인간과 이 세계의 수많은 것들 사이의 관계 속에서 경제 현상은 자신의 모습을 내비친다. 그리고 그 모습은 일상 속에서 아주 쉽게, 익숙하게, 그냥 지나가기도 한다. 그러나 그저 평범한 사과라도, 해바라기라도, 바다라도 아주 예민하게 그것을 포착하여 우리가 진부한 일상 속에서 잊고 있었던 감각과 경험들을 일깨워주는 예술가들처럼, 경제학자들도 그저 익숙한 우리의 일상생활 속 스쳐지나가는 경제 현상들을 예민하고 낯설게 지각하고 느낄 줄 알아야 한다. 왜냐하면, 특히 경제 현상은 계속해서 인간의 주관적 요소에 의해 변화하고 있고, 그에 따라 항상 '현시대, 지금, 현재'에 걸맞은 현상 분석과 대처 방안을 내놓아야 하기 때문이다. 또한, 더욱 풍부하게 경험할수록, 지식의 근거가 되는 날 것의 재료들이 많아지면서, 더욱 탄탄하면서도, 현실과 들어맞는 본질이 발견될 수 있다. 예술가는 자신이 경험한 세계와의 만남을 예술 작품으로 소화해낸다면, 경제학자는 자신이 느낀 경제 현상을 경제 모델로 소화해내는 것이다.

좀 더 설명을 부가하자면, 경제 현상을 예술가 수준으로 생생히 경험한다는 것이 단순히 '이자율이 오르는구나'라거나 '물가가 하락하네'와 같은 일상적인 경제 감각들을 말하는 것이 절대 아니다. 일상적인 사람들도 느끼고 아는 경험들을 나열하는 것은, '사과는 빨갛다', '바나나는 노랗다', '이 키위는 맛있다'와 같은 일상적 경험 묘사를 하는 것과 같다. 위와 같이 과일들을 묘사하는 것을 보며 '예술적이다'라는 느낌이 드는가? 예술가는 앞서 말했듯, 우리가 일상에서 쉽게 스쳐지나가는 감각들을 아주 끝까지 깊이 밀어붙여 보통 사람들보다 진하고 풍부하게 경험한다. 경제학자가 예술가처럼 경제 현상을 감각하고 지각한다는 것은, 단순히 뉴스에서처럼 경제 현상을 나열하는 것이 아니다. 인류에게 어떤 사건이 일어났을 때 부글부글 생겨나는 변화들, 어떤 상황 속 사람들의 태도와 마음, 실제 생산과 분배와 소비를 이끌어가는 힘과 에너지들 같은 것을, 갈 수 있는 한 끝까지 깊숙이 들어가 지각하고 감각하는 것이다.

경제학과 철학

철학은 가장 근본이 되는 것에 대한 질문을 던진다. 인간은 무엇인가? 인간은 왜 살아야 하는가? 어떻게 살아야 좋은 삶인가? 행복이란 무엇인가? 정의란 무엇인가? 사랑이란 무엇인가? 혹은 경제학에서는, 소비란 무엇인가? 효용이란 무엇인가? 생산이란 무엇인가? 기업은 왜 존재해야만 하는가? 바람직한 분배란 무엇인가? 등등의 질문들처럼 근본을 세차게 뒤흔드는 질문들로부터 철학은 시작한다. 아무것도 믿지 못하는 사람처럼 철학은 모든 것을 궁금해하며, 그것을 근본부터 이해해내려 노력한다. 본질을 파악하여, 실질적 정의를 내려 답을 하는 작업이 철학자들의 주된 업무라 할 수 있다.

새로운 이론이 탄생하려면, 철학적 사고는 필수적이다. 왜냐하면, 새로운 이론이란, 근본을 뒤집어 탄생하기 때문이다. 누구나 당연하게, 의심하지 않고 받아들이던 것들을 의심하고, 질문하고, 직접 탐구해보려 노력했던 학자들은 새로운 이론을 가지고 등장하며 천재가 되었다. 우리가 아는 많은 과학자, 예술가들이 철학을 사랑했음을 꽤 많은 자료를 통해서 알 수 있을 것이다.[88]

철학의 시작은 철학적인 질문을 하는 것이다. 그 다음에, 철학은 이러한 질문들에 대해 주로 '개념'으로 대답한다. 즉, 기존의 개념이나 새로운 개념에 자신이 통찰한 본질을 합해 실질적 정의를 내리는 것이다. 예를 들어,

---

[88] 이 부분은 특히 이지성 작가의 『리딩으로 리드하라』를 참고하라.

기존의 개념인 '행복'의 진부한 정의를 벗어나, 새롭고 낯설게 '행복'의 본질을 꿰뚫은 정의를 내놓는 철학자가 있을 수 있다. 혹은 아예 없던 개념을 창조하여, 그 개념의 본질을 정의하는 철학자도 있을 수 있다.

플라톤은 철학자를 어떤 사물의 이데아를 관조해서 읽어내는 자라고 생각했다. 이데아란, 어떤 사물이나 현상이 가지고 있는 아주 절대적이고 영원한 본질을 뜻한다. 즉, 그 대상 혹은 현상이라면 필연적으로 가지고 있을 수밖에 없는 성질, 내재적인 본유의 성질을 뜻하는 것이다. 이렇게 철학은 가장 근본을 얹는 질문을 하며, 그 질문에 대한 자신만의 통찰력과 지적 직관으로 자기만의 대답을 한다.

경제학자들도 철학자들이 되어야 한다. 경제학은 끊임없이 새로운 현상을 마주한다. 변화하는 시대, 새로운 변수들의 등장, 또 끊임없이 움직이는 사람들의 마음에 의해 계속 모습을 바꾸는 경제 현상에, 그저 기존의 이론만을 그대로 적용했다간 큰 실수를 범할 수 있다. 항상 기존 이론의 의미와 본질, 그리고 그 관점을 알고 있어야 한다. 기존의 이론을 발견한 혹은 창조한 학자는 어떤 현상을 바탕으로, 무슨 본질을 꿰뚫어서, 어떤 논리로 다음과 같은 이론을 펼쳤는지, 그 경제학자가 되어 생각해보아야 한다. 왜 이렇게 생각했지? 이 경제학자가 생각한 효용이란 무엇이지? 생산이란 무엇이지? 기존의 경제학에서 통용되고 있는 생산, 소비, 분배의 정의란 무엇이지? 그것은 현재 경제 현실과 적합한가? 등의 기존의 경제학에 대해서 끊임없이 호기심을 가지고 의문과 질문을 던질 줄 알아야 한다.

그리고 그 질문들을 통해, 기존의 이론이 현시대에 걸맞게 적용될 수 있는 점과 적용될 수 없는 점을 구분하여, 현시대의 새로운 경제 현상에 걸맞게 정의되어야 하는, 즉 기존의 이론의 근본 전제를 뒤집어엎어야 하는 것들을 찾아내야 한다. 그리고 이러한 부분에 대해 새롭게 근본적, 실질적 정의를 세워나가야 한다. 이 작업은 마치 경제현상에 대한 철학적 작업과 같다. 새로운 개념을 창조해내거나, 기존의 개념의 근본적 의미를 변화함으로

써, 그 개념이 담고 있는 본질을 다르게 설정하는 것이다.

경제학자들이 철학자들처럼 개념에 대한 본질을 저마다 분명하게 내릴 수 있을 때, 바로 이때 새로운 경제학이 탄생하게 되는 것이다. 나중에 살펴보겠지만, 케인스는 '유효수요(effective demand)'라는 개념과 관련한 새로운 본질을 포착하였고, 개념에 대한 실질적 정의를 이전의 경제학자들과는 다르게 내림으로써, 새로운 고용이론을 만들어낼 수 있었다.

현상의 본질을 어떻게 포착하느냐에 따라, 즉 개념에 대한 실질적 정의를 어떻게 내리느냐에 따라 경제학을 포함한 학문은 그 위에 쌓아 올리는 지식 체계가 달라진다. 왜냐하면, 대부분 본질과 관련한 지식은 직접적 지식이며, 이 직접적 지식으로부터 지식의 상부 구조(간접적 지식)가 생겨나기 때문이다. 즉, 경제학자가 '생산', '소비', '분배', '효용', '합리성' 등의 개념을 어떻게 정의하느냐가 그 경제학자가 세워나갈 경제이론의 가장 근본 토대가 된다. 그의 거대한 경제 이론 체계는 바로 개념의 본질 포착으로부터 생긴 개념의 정의에서 시작되는 것이다.

물론, 경제학자가 어떤 현상의 본질을 정확하게 포착하지 못했다면, 혹은 현상이 변화해서 더는 그러한 본질이 존재하지 않는다면, 그 위에 쌓아 올라진 경제이론은 무너지게 될 것이다. 따라서 새롭게 본질을 포착해내고, 새롭게 개념을 정의함으로써 새로운 경제이론을 세워나가야 한다.

사실 최근에는, 경제 현상과 관련한 개념에 대한 실질적 정의가 굳어지면서, 더 이상은 현상의 본질을 직접 꿰뚫어보려고 하지 않고, 그저 기존의 정의를 받아들이려는 성향이 강해졌다. 그러나 계속해서 변화하는 경제 현상에 걸맞게, 새로운 경제 이론과 경제 원리, 법칙이 발견되려면, 새롭게 생겨난 경제 현상을 감각 및 지각하는 것과 함께 그 경제 현상의 본질을 직관적으로 꿰뚫어낼 수 있어야 한다. 경제의 여러 개념에 대한 기존의 정의에서 벗어나서, 경제 개념들에 대한 새로운 정의가 만들어지고, 그로부터 새로운 경제 이론 및 체계가 성립될 수 있다. 그러므로 철학자들 못지않게 경제학자들은, 적어도 경제와 관련한 개념에서는, 계속해서 그 실질적 정의를 검토하고, 심지어 새롭게 창조할 수도 있어야 한다.

여기까지가 경제학과 철학의 방법론적 측면에서의 연계였다면, 철학에서는 내용적인 측면에서도 경제학과의 연계가 가능하다. 바로 '윤리학'을 통해서이다. 경제학은 결국 세상을 경영하고 백성을 구제하기 위한 학문이다. 즉, 인간을 행복하고 잘 살게 하기 위한 학문이다. 따라서 어떻게 해야 인간이 행복한 것일지, 어떻게 사는 것이 옳은 혹은 좋은 삶일지에 대한 경제학자 나름의 답이 있어야 한다. 그리고 그 답에 경제학이 점점 수렴할 수 있도록 노력해야 한다. 예를 들어, 경제문제의 대표적 예인 빈부격차에 대해서도, 철학적 접근이 필요하다. 빈부격차란 무엇인지, 빈부격차는 왜 존재해서는 안 되는 것일지, 빈부격차가 없는 사회란 어떤 사회일지, 행복과 빈부격차는 무슨 관계인지, 평등과 빈부격차, 평등과 행복은 무슨 관계일지, 자유와 빈부격차는 무슨 관계일지, 자유와 평등의 관계 등에 대해 아주 꼼꼼하고 철저하게 고민해본 경제학자와 그렇지 않은 경제학자는 빈부격차의 문제에 접근하고, 분석해 나가는 데 아주 다른 길을 걸어나갈 것이다.

윤리학은 경제학이 가야 할 길을 비춰준다. 경제학이 과연 무엇을 위해 존재해야 할지에 대한 분명한 목적을 제시해준다. 경제학자가 윤리학[89]에도 정통하게 된다면 그는 '경세제민'이라는 경제학의 본연의 뜻을 이뤄낼 수 있을 것에 틀림없다.

경제학과 과학

과학자들은 이 세계가 어떻게 작용하는지, 즉 실제 세계가 무엇으로 이루어져 있으며, 어떻게 존재하고, 왜 그런 현상이 일어날 수밖에 없는지에 대해 분석해준다. 논리적인 추론을 통하여 이 세계에 대해 간접적인 지식까

---

89) 윤리학은 또다시 다른 철학들, 예를 들어 형이상학 등과 관련되어 있음은 당연하다.

지 알려준다. 놀라운 과학의 발전으로 우리는 우주 밖으로 나가지 않아도, 지구가 태양을 돈다는 사실을 알아내고 증명해냈다.

케인스는 경제학이 도덕 '과학'에 속한다고 주장했다. 또한, 이와는 다른 의견일지라도, 현재 많은 대학에서 경제학은 사회과학 또는 적어도 '과학'으로 분류된다. 따라서 경제학은 우리가 경험하는 경제 현실 세계의 상호작용들을 논리적으로 풀어내야 하는 의무를 지닌다. 예를 들어, 물가가 오르는 현상을 경험했다고 해보자. 그렇다면 경제학자들은 왜 그런지에 대해 논리적으로 설명해내는 경제이론이나 모델, 모형을 만들 수 있어야 한다. 왜 구름은 하얀색이고 하늘은 파란색인지를 논리적으로 설명해내는 자연과학이론을 만들어야 하는 자연 과학자들처럼 말이다.

자연과학과 마찬가지로 경제학도, 수학으로 분석할 수 있는 현상들에 대해서는 수학을 아주 유용하게 사용한다. 대학 수업에는 '경제수학'이라는 수업도 개설되며, 수학을 잘할수록 경제학에서는 유리하다는 의견도 만연하다. 즉, 경제학에서도 논리적으로 경제현상을 풀어내는 능력, 인과관계를 추론하여 미래를 예측하는 능력 등도 역시 매우 중요하고 필요하다. 어쩌면 경제학이 사회과학이나 도덕과학 심지어 자연과학과 같은 위치에 속해도, 모두 '과학'에 속하게 된다는 것을 주목해 보았을 때, 경제학에서 과학적 능력이 필요한 것은 너무나 당연한 걸지도 모른다.

또한, 경제학은 자연과학과 사회과학과도 내용면에서 연계가 될 수 있다. 왜냐하면, '인간'은 심리를 가진 존재일 뿐만 아니라, 자연 속에서는 하나의 자연물이기도 하고, 사회 속에서는 하나의 사회의 구성원이기도 하다. 우리는 중력의 법칙에서 벗어날 수 없으며, 사회의 규범 안에서도 크게 영향을 받으며 살아간다. 따라서 인간을 제대로 파악하려면, 인간을 이끌어가는 정신과 심리의 측면에서 분석하는 심리학과의 연계는 물론, 인간을 신체 혹은 물질, 즉 자연물로 보고 분석하는 자연과학과 사회적 구성원으로 보고 분석하는 사회과학과의 연계는 시너지를 낼 수 있음이 분명하다. 인간의 행동을 생물학적으로 바라보거나, 경제현상을 물리현상과 연계 및 융합하여 바라보고, 사회학 속에서 경제현상 및 인간을 바라보는 관점은 새로운 경제학을 탄생시킬 뿐 아니라, 기존의 경제학과 함께 어울릴 때 그 빛을 더욱더 밝게 빛낼 것이다.

▌제5절 저자가 생각하는 경제학의 목적

'경세제민', 세상을 경영하고 백성을 구제하다

저자가 고등학생 때 경제학이 매우 매력적인 학문이라고 생각한 이유 중 하나가 바로 경제학의 숨은 뜻이 '경세제민'임을 알게 되었을 때이다. '경세제민'이란, '세상을 경영하고, 백성을 구제한다.'라는 뜻으로 백성(인간)이 살아가는 이 세계를 잘 경영하며, 그를 통해 백성들(인간들)이 모두 잘살 수 있도록 한다는 뜻이다. 나 스스로 '앎'을 추구해나가면서도 이를 통해 다른 사람들을 도와줄 수 있다니. 경제학자 앨프레드 마셜이 했던 유명한 말인 '경제학자는 차가운 머리와 따뜻한 가슴을 가져야 한다.'라는 말도 매우 매력적이었다. 인간이 살아가는 세계(인간사회) 그리고 인간과 밀접한 관련을 맺는 모든 것들과의 상호작용 분석을 통해 세상을 경영하고, 사람들이 더 나은 삶을 살 수 있도록 하는 것은 매우 큰 꿈으로 다가왔다.

저자는 경제학의 목적과 관련한 케인스의 생각으로부터 많은 것을 배웠고, 또 그의 생각에 전적으로 동의한다. 경제학은 감각, 지각, 직관, 통찰력, 논리력, 분석력 등을 이용하여 현재 일어나고 있는 사람들의 실제 일상, 행동, 심리, 생각 등에 관해 탐구하는 학문이다. 경제학은 '현재'를 탐구해낼 수는 있지만, 그래서 현재 상황이 좋은 상황인지 안 좋은 상황인지, 안 좋은 상황이라면 왜 안 좋은 상황인지 등에 관한 기준점과 지향점을 줄 수는 없다. 이를 줄 수 있는 것은 윤리학이다. 물론 윤리학이 제시하는 유토피아를 향해 '어떻게' 나아갈 수 있는지는 경제학도 철저하게 연구해나가야 한다. 그 방법을 알아냈다면 '실천'해야 함은 물론이다. 경제학과 윤리학이 서로 손을 놓지 않을 수 있을 때, 즉 미래와 현재가 조화롭게 어우러질 수 있을 때, 우리는 희망을 품고 더욱 동기가 부여된 상태로 열정적으로 경제학에 몰두할 수 있으며, '경세제민: 세상을 경영하고, 백성을 구제한다'라는 경제학의 본분에 걸맞은 학문을 할 수 있을 것이다.

제2부
참고문헌

제3장 '케인스의 경제철학' 참고 자료

제3장은 특히나 Rod O'Donnell의 『Keynes: Philosophy, Economics, and Politics』를 중요하게 참고하였다. 경제학의 정의와 관련된 부분은 위 저서의 제8장의 앞부분을 주로 참고했다. 경제학의 방법은 경제학과 인식론을 연결한 부분(위 저서 제10장)과 경제학과 수학의 관계에 관해 서술한 부분(위 저서 제9장)에 주목하여 정리하였다. 경제학의 목적은 경제학과 윤리학의 관계에 관해 서술한 부분(위 저서 제8장)에 집중하여 글을 써내려갔다.

케인스의 삶과
경제이론에서의 적용

"플라톤과 셰익스피어가 점점 더 위안이 되고
있어. 정열과 지성의 진정한 결합을 발견하는 일은
왜 그렇게 어려운 것인지. 나의 영웅들은 뜨겁게
느끼고 또 느껴야만 한다. 그러나 그들은 또한
모든 것을 이해해야 하며 또 모든 것 이상을
이해해야 한다. 뜨거운 인식 이외에
가치 있는 것은 무엇인가?"90)

제5장
케인스의 다채로운 삶

제3부에서부터는 케인스가 실제로 얼마나 예술, 철학, 과학(수학) 모두에 흥미와 적성을 가지며 삶을 살았는지(제5장)와 그 다채로움이 그의 대표 경제이론인 "일반이론"에 어떻게 적용되었는지(제6장)를 살펴볼 것이다.

『케인스 평전』의 저자는 케인스가 이성 및 추리력과 감정 및 직관력의, 전혀 어울리지 않을 것 같은 두 영역의 결합을 통해서 천재성이 발휘되었다고 말한다.[91] 또한 이 책의 한국어판 역자는, 우리가 기억해두어야 할 점으로, 케인스는 경제학으로 유명하지만 경제학을 인간의 행복을 추구하기 위한 수단으로 다루었던 것이지, 목적으로 생각하지는 않았음을 언급했다.

오히려 그가 인생에서 최상의 목적으로 삼았던 것은 문학과 음악과 미술을 포함한 예술 전반에 온갖 정열을 끊임없이 쏟으면서 창조적 작업에 몰두하는 것이었다. 아울러 영구적인 세계평화와 사회발전을 위해서 국경과 종교와 이념까지도 초월하여 헌신적으로 봉사했던 점도 그의 삶의 한 가지 목표였다고 말할 수 있다.

어린 시절부터 케인스는 이성과 상상력, 즉 지성과 감성을 함께 육성하는 방법으로, 자신의 타고난 천재성을 성취하고 발휘할 수 있도록 양육되고

---

90) 찰스 H. 헤시온, 『케인스 평전: 자본주의를 살려낸 한 천재의 삶』, 허창무, 지식산업사, 2008, p.96.
91) 찰스 H. 헤시온, 『케인스 평전: 자본주의를 살려낸 한 천재의 삶』, 허창무, 지식산업사, 2008, p.10.

교육받았다. 제5장에서는 케인스의 이러한 예술, 철학, 과학을 넘나드는 삶을 소개해보고자 한다.

제1절 학창 시절 케인스

[예술] 침대에서 시를 읽는 것을 좋아하던 케인스

약 일곱 살의 나이부터 평생, 케인스는 침대에서 시를 읽는 습관이 있었다고 한다. 그는 일곱 살의 나이에 침대에서 롱펠로(미국 시인)의 시를 읽었다. 시를 소리내어 크게 읽는 것에 큰 기쁨을 느꼈으며, 심지어 여덟 살의 나이에는 시를 충분히 지을 수도 있었다.

또한 여덟 살의 나이에, 케인스는 부모를 따라 극장에 가서 <햄릿>의 한 장면을 보았는데, 이 이후로 그의 '연극 예술'에 대한 관심은 계속되었다.

[예술 · 철학] 종교에 대한 지적인 관심

케인스의 부모님은 케인스에게 종교교육에 있어서 엄격하지는 않았다. 그럼에도 케인스는 가끔 많은 관심을 가지고 지성적인 설교에는 귀를 기울였다. 케인스의 동생은 케인스가 종교에 대한 지적인 관심을 보이며, 힘들이지 않고 자연스럽게 불가지론의 정신상태로 빠지기도 했다고 회상한 적이 있다.

[예술 · 수학] 고전문학에서 1등, 수학에서 2등을 하던 학창시절

그는 첫 학기인 10월까지 반에서 이미 2주마다 내는 성적 순위에서 수석을 차지했으며, 첫 학기에 세 단계를 뛰어넘었는데도 학기말에는 고전문학에서 1등, 수학에서 2등이었다. 그가 쓴 시는 첫 학기에 모범작으로 제출되었다. 이 전통적인 실습에서 우수한 작문과 수학 해법은 옅은 남색 교표가 그려진 질 좋은 종이에 복사되어 도서관에 보관되었다.[92]

그는 '수학과 고전문학'으로 케임브리지 대학 킹스 칼리지 장학생으로 선발되었으며, 거의 동시에 이튼 소사이어티(Pop)의 회원으로 선발되었다.[93]

케인스는 지적인 능력과 감수성을 모두 가진 융합형 천재였다. 고전문학에서도 특출난 능력을 보이고, 이와 어울릴 것 같지 않은 수학에서도 뛰어난 성적을 거두었으니 말이다. 그의 감성과 지성을 넘나드는 능력은 훗날 예술, 철학, 과학적 능력이 모두 필요한 경제학에서도 그 빛을 분명히 발했다.

또한 케인스가 우수한 성과를 보인 후, 이튼[94]에서의 관습에 따라 가장 많이 보상 받은 것은 책이었는데, 그가 선택한 책들 중에는 특히 역사와 시에 대한 책이 가장 많았다고 한다.

▌제2절 대학생 케인스

[수학 · 과학] 수학과 과학에 대한 특출한 능력

케인스가 케임브리지 대학에서 가장 많이 공부한 과목은 수학이었다. 또한 대학교 1학년 때, '시간'에 대하여 논문을 썼는데, 이 논문은 대학교 1학년 학생으로서는 매우 박식한 작품이었다고 한다.

---

92) 찰스 H. 헤시온, 『케인스 평전: 자본주의를 살려낸 한 천재의 삶』, 허창무, 지식산업사, 2008, p.55.
93) 찰스 H. 헤시온, 『케인스 평전: 자본주의를 살려낸 한 천재의 삶』, 허창무, 지식산업사, 2008, p.59.
94) 이튼 칼리지: 1441년에 개교한 영국의 사립 중 · 고등학교.

[철학] 사도회의 회원이 되다

"내가 알기로는 케인스의 지성이 이제까지 가장 예리하고 가장 명료하였다. 그와 논쟁할 때 나는 죽음의 위험을 무릅쓰고 있는 것처럼 느꼈다. 그리고 무언가 좀 바보스러운 감정이 들지 않고는 좀처럼 토론에서 벗어나지 못했다. 나는 때때로 그렇게 대단한 재치 속에는 틀림없이 심오한 사상이 결여되었다고 생각하는 경향이 있었으나, 지금은 그런 느낌이 오류였다고 생각한다."

—버트런드 러셀의 《자서전》에서[95]

케임브리지 대학에서 '사도회' 또는 그저 '모임'이라고 알려진 '케임브리지 회화 모임'에, 케인스는 대학교 1학년 학기 말에 들어가게 되었다. 이 '사도회'라는 모임은 세인트존스 칼리지에서 시작된 모임으로, 아주 신중하게 회원을 선발하던 비밀 모임이었다. 회원 수는 12명 이하로 제한했으며, 논문을 읽고 토의를 하였다. 이 사도회의 회원 중 유명한 사람들도 많다. 예를 들어, 테니슨, 아서 하람, 제임스 클라크-맥스웰, 버트런드 러셀, 앨프리드 노스 화이트헤드 등이 있다. 그들은 상호간의 절대적인 성실성을 통하여 진리와 자기계발을 추구하는 비밀 우애단체였다.

사조회의 신조는, 사람들이 어떻게 생각하든 그것과 상관없이 진리를 추구하고 대의를 증진하는 것이었다. 심지어 회원이 아닌 사람은 "현상(Phenomena)"이라고 불렸다. 그들에게는, 사도회만이 실재하는 세계였던 것이다.

리튼 스트레이치와 레너드 울프가 첫 학기 말까지 케인스를 조사한 뒤, 1903년 2월에 케인스가 사도회 회원으로 뽑히게 된다. 그 사실을 3개월 후에 알게 된 아버지는 이것이 1학년생에게는 거의 전례가 없는 명예라고 일

---

95) 찰스 H. 헤시온, 『케인스 평전: 자본주의를 살려낸 한 천재의 삶』, 허창무, 지식산업사, 2008, p.77.

기에 적었다. 케인스 또한 그의 여생 내내 그 모임에 대한 열렬한 충성심을 유지했다.

또한 이 사도회로 인해 케인스는 그의 철학에 큰 영향을 준 케임브리지의 젊은 철학자, 에더워드 무어로부터 영향을 받게 된다. 그는 훗날 철학자 무어에게 자신이 집중하고 있다며, 편지에 이렇게 쓰기도 했다.

"오! 나는 전향했네. 나는 절대적으로 무어와 함께 하며 모든 점에서 즉, 부차적인 특성에서까지도 무어와 함께 하네…… 무엇인가 내 두뇌 속에 들어와서 나는 바로 모든 것을 분명히 알아 보았네. 모든 일은 남과 다르게 우주를 직관하는데 달렸음을 나는 이제 알았네. 전향하지 않고는 세계를 바꿀 희망이 없고, 이러한 일은 대단히 절망스럽네. 그것은 논쟁할 일이 아니며, 모든 것은 특별한 인식의 전환에 달려있네."[96]

[철학] 철학자 비트겐슈타인과의 만남

철학자 비트겐슈타인이 케임브리지 무대에 출현했고, 케인스는 그에게 매력을 느끼고 정신적으로 사랑했다고 한다. 비트겐슈타인은 사도회원으로 선출되기도 하였다.

케인스는 전시에 싸우다가 1918년 포로로 잡혔던 그의 옛 친구 비트겐슈타인을 도우려고 노력하기도 했다. 그 젊은 철학자가 붙잡혔을 때, 그의 배낭 속에는 훗날 자신을 유명인으로 만들었던 《논리-철학 논고》의 원고가 들어 있었다. 그는 그 원고의 사본을 버트런드 러셀, 케인스 그리고 고틀롭 프레게에게 보냈다고 한다. 케인스와 비트겐슈타인이 얼마나 가까운 관계였는지 알 수 있는 대목이다.

---

96) 찰스 H. 헤시온, 『케인스 평전: 자본주의를 살려낸 한 천재의 삶』, 허창무, 지식산업사, 2008, p.102.

[예술 · 철학] 플라톤과 셰익스피어를 모두 사랑한 케인스

그 당시에 옥스퍼드 대학에 다니고 있던, 케인스의 옛 이튼 친구 버나든 스위딘뱅크와 주고 받은 편지에는 다음과 같이 적혀있다.

> "플라톤과 셰익스피어가 점점 더 위안이 되고 있어. 정열과 지성의 진정한 결합을 발견하는 일은 왜 그렇게 어려운 것인지. 나의 영웅들은 뜨겁게 느끼고 또 느껴야만 한다. 그러나 그들은 또한 모든 것을 이해해야 하며 또 모든 것 이상을 이해해야 한다. 뜨거운 인식 이외에 가치 있는 것은 무엇인가?"[97]

그는 정열적으로 느끼는 것과 지성을 폭발시켜 이해해내는 것 둘 다를 사랑했다. 이러한 그의 태도는 1923년 노벨문학상을 수상한 유명한 아일랜드의 시인, 예이츠를 떠올리게 한다. 예이츠는 "정열에 도움이 되지 않는 논리라면 진리를 발견할 수 없다"고 일기에 적은 적이 있다. 그는 숭고한 개성의 활력은 상상력과 지성을 모두 발산하는 것에서 생긴다고 믿었다.

감성과 지성을 어우르는 천재, 케인스는 참 자유롭게 자신의 흥미를 따라갔다. 그는 경제학을 위해 한 우물만 파지 않았다. 자신의 마음이 시키는 대로, 예술을 하고 싶으면 예술을 했고, 시를 읽고 싶으면 시를 읽었다. 철학에 지대한 관심이 생기자, 흄의 저서를 읽기도 하고, 또 자신만의 철학 저서까지 펼쳐냈다. '시간'이 궁금하면 '시간'에 대한 공부를 하고 논문을 썼고, 수학을 하고 싶으면 수학을 공부하고, 수학 시험에서 좋은 성과를 냈다. 플라톤과 셰익스피어 모두로부터 강렬한 자극을 받은 케인스는 정열과 지성의 진정한 결합을 평생 실천하고 있었다.

---

97) 찰스 H. 헤시온, 『케인스 평전: 자본주의를 살려낸 한 천재의 삶』, 허창무, 지식산업사, 2008, p.96.

제3절 청년 케인스

[경제학·철학] 알프레드 마셜, 앨프리드 피구로부터 경제학 수업을 받다

1904년이 끝나기 전까지 케인스는 아버지의 권고에 따라 알프레드 마셜의 『경제학 원리』를 부지런히 공부했다. 경제학이 자기 마음에 드는지 알아보기 위하여 공부를 했지만, 도덕학이나 경제학의 우등 졸업시험은 치르지 않고 공무원 시험 공부를 먼저 하기로 했다.

그리고 시간이 지나 가을학기가 되어 학교로 돌아와서는, 경제학자 알프레드 마셜의 강의를 들었다고 한다. 그는 마셜이 내준 숙제를 풀었는데, 마셜은 케인스의 숙제들 중 몇몇이 훌륭하다고 생각했다고 한다. 그는 케인스의 아버지에게 이렇게 편지를 쓰기도 했다.

"당신의 아들은 우수한 경제학 학습을 하고 있어요. 그가 전문 경제학자가 되기로 결심한다면, 나는 매우 기쁠 것이라고 그에게 말했어요. 그러나 물론 강요하지는 않을 것입니다."[98]

더불어 케인스는 경제학자 앨프리드 피구에게서 개인지도를 받기도 했다. 그러나 그는 경제학뿐만 아니라 심리학과 철학에도 관심이 많아, 심리학 저서들과 특히 '흄'의 저서들을 많이 읽고 공부했다고 한다.

[경제학] 케인스가 말하는 경제학자에게 가장 필요한 것

케인스는 경제학에서 반드시 필요한 천재적인 "독창성"이란, 사고와 감정의 결합, 반대되는 것들의 통합, 빅토리아 시대의 소위 "남성다운 것들"

---

98) 찰스 H. 헤시온, 『케인스 평전: 자본주의를 살려낸 한 천재의 삶』, 허창무, 지식산업사, 2008, p.101.

과 "여성다운 것들"의 조화를 통해 피어날 수 있다는 것을, 경제학자 제본스와 그의 스승 마셜을 언급하며 주장했다.

"첫째로는 케인스가 경제학자에게 필요하다고 생각한 제본스의 다재다능이었다. 거기에 더하여 그는 경험론자로서 "귀납적인 경제학의 마법"에 정통했다. 그리고 그는 자연과학자의 파고드는 안목과, 풍부하고 조절된 상상력으로 자료를 조사하는 맨 처음의 이론경제학자였다. 둘째로, 제본스는 논리학자로서 논리적이고 연역적인 분석에도 똑같이 능숙했으며 이러한 작업을 하는 데 천재적이고 초인적인 직관이 있었다. 매우 내향적인 사람이었던 그는 내적인 빛의 번득임으로 대부분 혼자서 일했다."[99]

"케인스는 제본스의 생애에 고무되어, 경제학이 매우 마음에 드는 윤리학의 한 분야이며 그 속에는 "이론과 실제, 직관적 상상력과 실제적 판단력이 인간의 지성에 쾌적한 방식으로 혼합되어 있다."고 결론을 내렸다."[100]

"경제학의 대가는 잘 결합된 탁월한 재능을 지녀야 한다는 주장에서 아마도 그에 대한 설명을 찾을 수 있다. …… 그는 어느 정도 수학자여야 하고, 역사가, 정치가, 철학자여야 한다. 그는 기호를 이해해야 하고 암호로 의미를 전해야 한다. 그는 일반적 사항으로 특수사항을 고찰해야 하며 똑같이 비약하는 사색 속에서 추상과 구상에 접근해야 한다. 그는 미래를 위해서 과거에 비추어 현재를 연구해야 한다."[101]

케인스는 경제학의 대가에 대해 위와 같이 말하면서, 마셜의 경우에는

---

99) 찰스 H. 헤시온, 『케인스 평전: 자본주의를 살려낸 한 천재의 삶』, 허창무, 지식산업사, 2008, pp.186 – 187.

100) 찰스 H. 헤시온, 『케인스 평전: 자본주의를 살려낸 한 천재의 삶』, 허창무, 지식산업사, 2008, p.187.

101) 찰스 H. 헤시온, 『케인스 평전: 자본주의를 살려낸 한 천재의 삶』, 허창무, 지식산업사, 2008, pp.188 – 189.

좋은 (경제학) 논문 작성에 필요한 부단한 예술 감각이 결여되었다고 말하기도 했다.

경제학자 제본스는 경험적 감각, 상상력, 직관이 매우 뛰어나면서도, 자연과학자들처럼 파고드는 능력, 논리적이고 연역적으로 사고해내는 능력이 탁월했다고 케인스는 평가한다. 케인스가 제본스의 '다재다능함'에 주목하며, 경제학에 관심을 기울이게 된 것도 주목할 만하다.

또한 경제학의 대가를 설명하며, 그들의 특징 중 하나로, '특수성'에 입각하면서도 '추상성'을 놓지 않음을 강조한 것은, 예술·철학·과학적 능력의 경계를 넘나들어야 하는 경제학자의 자질을 언급한 것이다.

[예술·철학] 벤담 vs 콜리지

"현재 모든 영국인은 함축적으로 말하면 벤담류의 공리주의자이거나 콜리지와 같은 낭만파 시인"이라고 밀이 말했다고 한다. 벤담과 콜리지는 서로 상반되는 두 지점에 대립되어 서 있었는데, 벤담은 사회의 법칙을 뉴턴의 물리학 법칙처럼 논리적이고 체계적이고 이성적으로 파악하려 노력했고, 한편 낭만주의자이자 이상주의자인 콜리지는 인간관과 사회관을 인간이 가지고 있는 열망들과 조화시켜 설명하려고 노력했다고 한다. 콜리지를 따르는 사람들은 괴테와 칸트와 헤겔의 철학적 이상주의를 신봉했으며, 인간과 자연 속에서 신성을 찾았던 영국 낭만주의자들의 책을 읽었다고 한다. 케인스는 주류에 속하는 벤담의 공리주의에 반대했고, 오히려 콜리지의 편에 서 있었다.

케인스는 앞서 말했듯, 경제 현상, 즉 인간의 일상 속에서 일어나는 수많은 현상들과 그 상호작용을 탐구하는 경제학은 도덕 과학에 속하는 것이지, 절대 자연 과학이 아니라고 주장했다. 자연 과학은, 뉴턴의 물리학 법칙처럼 논리적이고 체계적이고 이성적으로만 파악 가능할지도 모르겠지만, 인간과 사회가 개입된 현상들은 철저히 자연과학과는 다른 방법론이 필요하다고 생각했다. 따라서 사회 현상 속 법칙을 뉴턴의 물리학 법칙처럼 알아내고자 했던 벤담과는 전혀 다른 방법을 택하여, 벤담의 반대편에 서있는 콜리지에 오히려 가까이 있었다. 콜리지의 편에 섰던 많은 사람들은, 괴테와 칸트, 헤겔의 철학적 이상주의를 따르고, 영국의 낭만주의자들의 문학과 책을 읽었었다.

[예술 · 철학] 블룸즈버리와 케인스

"우리들(블룸즈버리 회원들)은 주저하지 않고 어떤 것이든 이야기했다. 이러한 것은 정말로 사실이었다. 누구나 예술과 성(性)과 종교에 대하여 좋아하는 것을 모조리 말할 수 있었다. 일상생활에서 벌어지는 모든 일에 대해서도 모조리 말할 수 있었다. 일상생활에서 벌어지는 모든 일에 대해서도 자유롭고 아주 느릿느릿 말할 수 있었다. …… 그러나 생활은 즐거웠고 두렵고 재미있었다. 누구나 사람은 그렇게 자유롭게 행동할 수 있는가를 기쁜 마음으로 조사해야 했다."

케인스는 '블룸즈버리'라는 집단에 속해있는 것으로도 유명하다. '블룸즈버리'란, 버지니아 울프, 존 메이너드 케인스, E. M. 포스터, 리튼 스트레이치 등으로 구성된 20세기 전반 영국의 작가, 지식인, 철학자, 예술가 집단이다. 케임브리지 대학 남성들과 킹스 칼리지 런던 여성들로 구성된 이 집단의 구성원들은 런던 블룸즈버리 근처에서 함께 거주하거나 공부했다고 한다. 그들은 문학, 미학, 비평, 경제학뿐 아니라 페미니즘, 평화주의 및 성 등 다양한 주제로 공부하고, 토론하기를 즐겼다.

특히 블룸즈버리 구성원들 사이에서 주로 하던 대화의 주제들 중 하나는 시각예술이었다고 한다. 특히 시각예술은 버지니아 울프[102]에게 매우

---

102) 버지니아 울프는 20세기 잉글랜드 모더니즘 작가이다. 그녀는 의식의 흐름 장르를 탄생시키고 완성한 작가 중 한 사람이다.

중요한 것이었다. 왜냐하면 진리는 이성뿐만 아니라, 직관과 감성으로도 발견할 수 있다고 생각했기 때문이다.[103]

또한 블룸즈버리라는 집단에서 함께 나눠지는 가치는 "개인적 애정, 심미적인 즐거움, 사람의 감정과 사상을 솔직하게 표현하는 점, 이성의 명쾌함, 그리고 타인들과 다른 존재라는 의식"과 같은 것이었다.[104] 레너드 울프는 독창적인 케임브리지 친구들의 강렬한 느낌을 "우리들은 자유로워야 하고, 합리적이어야 하고, 개화되어야 하고, 진실과 아름다움을 추구해야 하는 새로운 사회를 건설하는 사람들의 선두에 서있었다."라고 표현하기도 했다. 즉, 인간의 가치를 중심에 두면서, 자유로운 예술·철학적 토론들이 그들 주위를 둘러싸는 것이다.

[철학] 철학 저서 『확률론』을 집필하는 데 열중하다.

1920년, 케인스는 37세의 나이에 그의 시간의 대부분을, 앞서 언급했던 그의 철학 저서, 『확률론(Treatise on Probability)』을 준비하는 데 열중했다. 그리고 1921년, 38세의 나이에 드디어 출판이 되었다. 그것은 5년 동안 완성한 철학 저서였다. 또한 케인스는 "나는 무어의 『윤리학 원리』와 러셀의 『수학의 원리』의 영향을 함께 받으면서 집필하고 있었다."고 말하며, 자신의 저서 『확률론』에 철학자 무어와 철학자 러셀의 영향을 많이 받았음을 인정했다.

---

103) 찰스 H. 헤시온, 『케인스 평전: 자본주의를 살려낸 한 천재의 삶』, 허창무, 지식산업사, 2008, p.172.
104) 찰스 H. 헤시온, 『케인스 평전: 자본주의를 살려낸 한 천재의 삶』, 허창무, 지식산업사, 2008, p.173.

제4절 중년 케인스

[과학] 자연과학자 뉴턴에 대한 관심

"뉴턴은 그가 빼앗아야 하는 시간보다도 훨씬 많은 시간을 (나에게서) 빼앗습니다. 그러나 그러한 것이 취미이지요."

케인스는 위와 같이 어머니에게 편지로 말했다. 케인스는 1930년 말에 케임브리지의 가장 위대한 아들에 관하여, <뉴턴, 그 인간>이라는 제목이 붙은 전기논문을 작성했다. 이 논문의 첫 머리에서 케인스는 "천재들은 매우 독특하다."라고 말한다. 그는 뉴턴이 18세기 이래 가장 위대한 자연과학자이며, 합리주의자이고, '이성의 시대'의 화신이라고 말한다.

과학자로서의 뉴턴을 케인스는, "한 인간에게 주어진 타고난 재능과 함께 가장 강렬하고 가장 끈질긴 직관력을 소유한 자"라고 평가했다. 뉴턴은 자기 마음 속에 간직했던 문제가 그에게 비밀을 털어놓을 때까지 얼마든지 그 문제를 생각할 수 있었으며, 탁월한 점은 수학적 증명이 아니라 그의 직관이었다고 말했다.

[경제학] 대작 『일반이론』을 집필하다

"『일반이론』을 작성하는 데 또한 두드러진 특징은 그가 논리와 직관을 다 함께 구사했다는 점이다. 해러드는 그가 쓴 케인스 전기에서 경제 현실에 대한 새로운 분류법이나 신모형을 만들 수 있도록 한 것은 지극히 발달된 그의 논리적 사고 능력이라고 강조했다. 반대로 케인스가 다음과 같이 설명했던 것처럼, 그의 이론체계의 주요 변수를 고민하고 개념으로 만들 수 있었던 것은 논리적 사고 능력이 아니라 상상력이었다."[105]

---

105) 찰스 H. 헤시온, 『케인스 평전: 자본주의를 살려낸 한 천재의 삶』, 허창무, 지식산업사, 2008, p.465.

"나에게 역사적으로 가장 독특하게 생각되는 일은 총체적 산출량에 대한 수요 공급의 이론, 곧 고용이론이 사반세기 동안 경제학에서 가장 많이 논의된 후 완전히 사라진다는 것이다. 『화폐론』이 출간된 뒤 내가 느끼는 가장 중요한 변화의 하나는 이러한 것을 갑자기 실감하고 있다는 것이다. 소득이 증가할 때 소득과 소비의 차이도 증가할 것이라는 심리학 법칙, 곧 다른 어떤 사람에게도 이와 꼭 같이 표현했는지는 분명하지 않지만 내가 생각하기엔 굉장히 중요한 결론을 내 자신에게 선언한 직후에 그러한 자각이 들었다. 그리고 나서 유동성 선호의 의미가 되는 것으로서 이자에 대한 개념이 약간 떠올랐는데 내가 그 유동성 선호의 개념에 대해서 생각하는 순간, 그 개념은 내 마음에서 아주 분명해졌다. 그리고 지난 가을 뒤섞여 있는 엄청나게 많은 원고 초안을 정리한 뒤 자본의 한계효율에 관한 적절한 정의가 서로서로의 개념을 연결했다."[106]

케인스의 경제학 대작 『일반이론』의 3대 심리 법칙으로 불리는 "소비 성향", "유동성 선호", "자본의 한계효율"의 비밀이 위 구절에 녹아 들어있다. 위 세 가지 요소들과 관련한 것들을, 현실 속 경제 현상을 직접 대면하면서 생생하지만 어렴풋하게 실감하고, 뛰어난 상상력을 통해 그 감각과 지각을 다시 그려낸 것이다. 이후 관련 개념들이 머릿속에서 직관적으로 포착되자 이에 대한 적절한 정의가 내려지며, 결국 서로서로 연결되는 구조물을 그려내는 작업으로까지 이어진 것이다.

케인스가 그의 경제 이론에서 중요하게 다룬 "소비 성향", "유동성 선호", "자본의 한계효율"은 전체적인 그림 속에서 아주 조화롭게 자리 잡고 있다. 논리적으로 탄탄하게 이어지기 때문에, 마치 수학에서의 증명처럼 느껴질 수도 있다. 그러나 수학적, 과학적 언어로 표현한 것들의 핵심에 있는 "변수들"과 "개념들"은 케인스의 감성, 상상력 그리고 직관으로부터 왔다. 세 가지 요소 중 "소비 성향"과 관련한 부분은 이 책의 제6장에서도 다뤄볼 것이다.

---

106) 찰스 H. 헤시온, 『케인스 평전: 자본주의를 살려낸 한 천재의 삶』, 허창무, 지식산업사, 2008, p.465.

[예술] 바쁜 와중에도 예술에 전념하다: 예술 극장을 열다

"책은 제 손을 떠나서 2월 4일 출판될 것입니다. 극장은 2월 3일 문을 엽니다." 『일반이론』을 집필중이었던 바로 그 수년 동안 고안하여 실험했던 케임브리지 예술극장에 대해 그는 말하고 있었다.107)

"모든 예술은 즐거움을 창출하는 데 바치는 것이라는 실러의 선언을 아널드가 찬성하는 데에는 케인스도 같은 의견이었다. 케인스는 감미롭고 밝은 것에 대한 믿음을 가졌으며, 돈이란 쓰려고 있는 것이라고 믿었듯이 이 세상에 존재해 왔던 사상과 저술은 최대한 전파해야 한다는 믿음도 가지고 있었다. 그는 이제 빛바랜 표어인 그 '문화'라는 말에 대하여 신념을 가졌다. 둘째로 케인스는 자기보다 연하인 덩컨, 로저 프라이, 바네사 벨, 그리고 무용극을 통하여 그를 연극의 세계와 그것에 관련된 음악과 무대설계의 예술에 더 밀접하게 해준, 지금의 리디아와 같은 예술가들에게 우정을 느끼고 있었다. 셋째로 케인스는 창조적인 예술가가 되고 싶었을 것이다. 그의 훈련된 지성을 이용하여 모든 일을 할 수 있었던 것처럼 보였다. 그러나 여기에 한 가지 신비스러운 것이 있었다. 여기에 대단히 중요한 어떤 것이 있었으니 그것은 모든 것 중에서 최고의 것이었다. 곧 그것은 창조적인 천재성을 지닌 소수의 인간들만을 포용하는 세계였다. 작가로서 케인스는 그러한 세계로 들어가는 문을 열 수 있었다."108)

"이리하여 그의 뒤에 오는 다른 사람들이 자기가 그 극장에서 그렇게 오랫동안 맛보았던 아름다운 영감 그리고 상상 속의 즐거움을 향유할 것이라고 그는 확신했다."109)

---

107) 찰스 H. 헤시온, 『케인스 평전: 자본주의를 살려낸 한 천재의 삶』, 허창무, 지식산업사, 2008, pp.469−470.

108) 찰스 H. 헤시온, 『케인스 평전: 자본주의를 살려낸 한 천재의 삶』, 허창무, 지식산업사, 2008, p.470.

109) 찰스 H. 헤시온, 『케인스 평전: 자본주의를 살려낸 한 천재의 삶』, 허창무, 지식산업

"경제학은 중요하다[케인스는 경제학에 그의 일생을 바쳤다]. 그러나 경제학은 단지 더 높은 차원의 예술과 문화를 성취하기 위한 수단으로서만 존중되어야 한다고 케인스는 믿었다."[110]

케인스는 자신의 경제학 이론, 『일반이론』을 집필하면서도, 예술에 대한 흥미의 끈을 놓지 않았다. 그는 감미롭고 밝은 예술작품들은 가능한 널리 세상에 전파해야 한다고 생각했고, 이를 실천하기 위해 실제로 케임브리지 예술극장을 열었다. 케인스는 쇠라와 시냑, 피카소, 마티스, 드랭, 르누아르, 세잔의 예술 작품들을 살 정도로 예술을 사랑했으나 개인적인 차원에서 멈추지 않고, 그가 예술을 사랑하는 만큼 더 많은 사람들도 예술을 사랑할 수 있도록 사회적인 차원에서 노력한 것이다.

▌제5절 예술·철학·과학·경제학을 넘나드는 창조적 업적

창조적 업적의 비밀

천재에게서 흔히 있는 일이지만 케인스의 독창성은 완전히 새로운 발견에 있다기보다는 여러 가지 다양한 요소를 재결합하는 능력에 의한 것이었다고 『케인스 평전』의 저자는 말한다.

"최신의 분석 가운데 독창성을 마음속의 반대되는 측면 사이의 상호작용에 관계하는 규칙적인 순환과정으로 생각하는 경향이 분명히 존재한다. (…) 두 개의 서로 다른 준거체계가 합동하여 기지와 창조적 사고를 일으킨다고 말한다.

사, 2008, p.475.

110) 찰스 H. 헤시온, 『케인스 평전: 자본주의를 살려낸 한 천재의 삶』, 허창무, 지식산업사, 2008, p.574.

또한 보다 더 최근에 두뇌의 측면 기능의 연구자들은, 두뇌는 양극성을 가지고 있는 두 반구의 통합체이며 지성과 직관이 상호 보완하는 작용을 하여 창조적 업적을 달성하도록 뒷받침해 준다고 역설했다."111)

"창조적 과정에 관한 비교적 최근의 연구와 저작에 비추어 볼 때, 블룸즈버리 회원들의 독창성은 지적 과정의 '이중적 성질'에 의존한다는 생각을 오래전에 깨닫고 표현했다는 것은 놀라운 사실이다. 버지니아 울프는 (남성과 여성을 겸비한) 창조적 인간의 이중적 성질에 대해서 깊이 생각했다. 그의 유별닌 여권신장운동 가운데는 어떤 의미에서 두 가지 진리-이성이라는 남성적 진리와 상상력이라는 여성적 진리-가 있고, 이 진리들이 함께 그가 실재라고 명명했던 것을 형성했다고 사람들은 말했다. 그녀의 견해에 따르면 미술가인 로저 프라이는 이중성, 곧 독자적인 사고력 및 행동력과 함께 감수성, 곧 새로운 경험을 위한 놀라운 능력을 소유하였다. 따라서 그는 그의 정신 속의 균형, 곧 감정과 지성 사이의 균형, 상상력과 구상 사이의 균형에 도달했다. 곧 살펴볼 것이지만 케인스도 마찬가지로 몇몇 경제학자들의 독창성의 원인이 그들의 이중성에 있다고 하였다."112)

"지성 속에 있는 재능은 흔히 유전으로 이어받는다. 그러므로 이성과 상상력의 작용으로서의 천재는 극히 드물거나 거의 없다."고 하는, 그 시인의 관찰과 반대되는 주해를 케인스가 그 책의 난외에다 단 것을 나는 발견했다.113)

그는 또한 천재의 특징과 특권에 대한 콜리지의 정의를 알고 있었을까? "옛적부터 항상 계신 분을 숙고하고 마치 맨 처음 창조의 명령이 있었을 때 모든

111) 찰스 H. 헤시온, 『케인스 평전: 자본주의를 살려낸 한 천재의 삶』, 허창무, 지식산업사, 2008, p.185.
112) 찰스 H. 헤시온, 『케인스 평전: 자본주의를 살려낸 한 천재의 삶』, 허창무, 지식산업사, 2008, p.185.
113) 찰스 H. 헤시온, 『케인스 평전: 자본주의를 살려낸 한 천재의 삶』, 허창무, 지식산업사, 2008, pp.189-190.

것이 생겼던 것처럼 신선한 감정으로 그분의 모든 작품을 감상하는 것. ……
아동기의 감정을 성년의 힘 속으로 옮기는 것. 경이로운 것과 신기한 것에 대
한 어린아이의 의식과 아마도 40년 동안 매일 친숙하게 된 현상을 결합하는
것. …… 이것이 천재의 특성이며 특권이다." 그는 아마도 알았을 것이다. (…)
"매일 아침 나는 천진난만한 갓난애처럼 잠에서 깨어난다"고 가끔 말했던 것
으로 알려져 있다.114)

"놀랄 만한 직관의 번득임과 복잡한 사상의 결합이 이 숨겨진 무의식의 자아
에서 나오고 그것은 때때로 충분히 형성되고 일정한 권위를 갖추어 깨어나는
인간 의식의 영역으로 뛰어든다고 믿고 있었다는 것을 알 수 있다. 이러한 (직
관의) 번득임과 영감은 분명히 밑에 숨어 있는 어떤 종류의 심원한 지성으로
부터 발생하고, 갑자기 초점을 모아서 사물을 폭넓게 해석하고 신속하게 조사
한 결과로 나타난다. 그와 같은 착상들은 의식하고 있는 두뇌에서 생기는 것
이 아니고 그것을 초월하여 생기는 무의식의 차원에서 감지된다."115)

또한 케인스의 전기를 다룬 또 다른 저자, 로버트 스키델스키도 케인스
를 "미학자와 경영자의 매혹적인 조합"이라고 평가하였다.

"한 인간으로서 케인스는 미학자와 경영자의 매혹적인 조합이다. 그의 취향과
선호는 미학적이었으며 그가 쓴 경제 저술들에는 시적 자질이 번득였다."116)

"천재의 업적이란 복잡한 것이어서 무엇이 그것을 가능하게 했는지를 조명해
주는 안내가 필요하다. 심지어는 자연과학과 수학의 경우에도, 지식의 현 상

---

114) 찰스 H. 헤시온, 『케인스 평전: 자본주의를 살려낸 한 천재의 삶』, 허창무, 지식산업
    사, 2008, p.190.
115) 찰스 H. 헤시온, 『케인스 평전: 자본주의를 살려낸 한 천재의 삶』, 허창무, 지식산업
    사, 2008, p.191.
116) 로버트 스키델스키, 『(존 메이너드) 케인스: 경제학자, 철학자, 정치가』, 고세훈, 후마
    니타스, 2009, p.21.

황, 그것이 해결하지 못한 문제들, 그 문제들이 현재나 과거에 문제로 부각됐던 이유, 그것들을 해결하기 위해 동원된 특별한 재능들 등에 관해 우리는 많은 것을 말할 수 있다. 또 다른 극단에는, 예술가나 작가의 사생활에 훨씬 더 직접적으로 뿌리를 둔 것처럼 보이는 예술 작품이 있다. 케인스의 작업은 이 둘 사이의 어디쯤에 위치해 있으며, 부분적으로 과학적이고 부분적으로는 예술적인 성격을 띤다."117)

케인스의 전기를 다룬 사람들은 모두 케인스가 매우 독창적이고 창의적인 천재였다는 점과, 상상력(감성)과 지성(이성)의 서로 다른 종류의 능력들을 동시에 가지고 있었음에 주목했다. 서로 어울릴 것 같지 않은 상반된 영역들이 끊임없이 부딪히면서도 어느 순간 두 영역의 애매한 틈 사이에서 독창적이고 천재적인 아이디어가 만들어짐을 케인스는 알고 있었던 듯 했다. 적어도 플라톤과 셰익스피어와 뉴턴을 모두 좋아하는 그는 스스로 자각했든, 아니든 그런 융합을 해내는 훌륭한 자질을 가지고 있었다.

특히 케인스가 경제학에서도 훌륭한 성과를 낼 수 밖에 없었던 이유도 여기서 찾을 수 있다. 케인스는 자신이 가진 예술적 능력으로 경제 현상 속에 녹아 있는 소비성향, 자본의 한계효율, 유동성 선호와 같은 개념의 재료들을 감각 및 지각해냈다. 그리고 그의 철학적 능력으로, 개념들의 정확한 실질적 정의를 내리면서, 본질을 직관해내려고 노력했고, '유효수요'와 관련한 그만의 개념도 재정립하여 신선한 이론을 전개해나갔다. 또한, 그의 과학적 능력은 변수와 개념들이 어떻게 서로 논리적으로 연결되어 있는지를 탐구할 수 있게 해주었다. 그 결과, 소비와 투자의 놀라운 관계인 '승수효과'라는 원리도 등장하게 된다.

케인스는 자신이 그 중요성을 강조하기도 했던, '다재다능한 경제학자'를 몸소 실천해냈다. 그의 예술, 철학, 과학적 능력들과 그들이 융합해서 일

---

117) 로버트 스키델스키, 『(존 메이너드) 케인스: 경제학자, 철학자, 정치가』, 고세훈, 후마니타스, 2009, p.50.

으켜내는 독창적, 창의적, 천재적인 에너지는 경제학에서의 성공을 미리 예견하고 있었다.

개혁가의 태도

"실행하는 분야에서, 개혁가들은 지성과 감정의 조화를 이루어 분명하고 정확한 목표를 끊임없이 추구할 수 있을 때에만 성공할 것이다."

— J. M. 케인스[118]

케인스의 '개혁'에 대한 태도는, 새로운 경제학을 요구하는 시대에 매우 적합한 정신이었다. 더들리 딜러드 교수는 다음과 같이 진술하기도 했다.

"경제학 원리는 언제나 쇠퇴하여 간다. 그 원리들은 세월의 흐름과 함께 나타나는 새로운 문제에 관련이 줄어들게 된다. 새로운 이론체계는 그 이론이 계승하는 이론 위에 수립될 수 없다. 왜냐하면 그 이론들은 다른 문제들을 목표로 하기 때문이다. 예전 이론은 잘못되어 있다기보다는 오히려 시대에 뒤떨어지게 되거나 새로운 문제에 부적절하게 된다는 것이다. 어떤 의미에서 성공적인 이론은, 시간이 지나면 다른 이론을 필요로 하는 다른 문제에 의하여 대체되는, 주요 문제에 해결책을 제시함으로써 그 자체의 쇠퇴를 유발한다."[119]

지성과 감정 모두를 조화롭게 갖추고 있어, 세상을 바꿀 수 있는 개혁의 자질이 충분했던 케인스는, 변화한 시대가 요구하는 새로운 경제 이론을 결국 만들어냈다. 그러나 경제 현상은 인성과 물성이 결합되어 있어 시간에 따라 동질적이지 않기 때문에, 어떤 훌륭한 경제 이론도 현 시대와 어긋나

---

118) 찰스 H. 헤시온, 『케인스 평전: 자본주의를 살려낸 한 천재의 삶』, 허창무, 지식산업사, 2008, p.329.
119) 찰스 H. 헤시온, 『케인스 평전: 자본주의를 살려낸 한 천재의 삶』, 허창무, 지식산업사, 2008, p.331.

게 되는 순간이 온다. 따라서 경제학자는 늘 개혁가의 정신과 태도를 가지고 있어야 하며, 케인스가 주장했듯, 지성과 감정의 조화를 이루어 분명하고 정확한 목표를 끝까지 추구할 수 있어야 한다.

제6장
케인스의 경제이론, 『일반이론』으로의 적용

드디어 이 책의 마지막 장에 올라섰다. 제6장은 케인스의 대표적인 경제 저서 『고용, 이자, 화폐의 일반이론(The General Theory of Employment, Interest, and Money)』을 다루어 볼 것이다. 이 경제학 저서를 직접 다뤄보는 이유는, 우리가 앞서 살펴보았던 케인스의 예술·철학·과학적 능력들이 정말로 그의 유명한 "경제학이론"에 영향을 끼쳤는지에 대해 알아보기 위해서이다.

여기까지만 읽었을 때, 독자들은 '그래서 이런 경제학의 정의, 방법, 목적을 가지고 경제학을 실제로 연구하는 게 가능한가? 실제로 경제 이론을 만드는 데 예술·철학·과학적 능력이 모두 필요한가?'라는 의문이 들 수 있을 것이다. 그래서 케인스의 경제 이론에 우리가 앞서 주장했던 경제철학 및 예술, 철학, 과학과 경제학의 관계가 어떻게 녹아들어 있는지를 다루려고 한다.

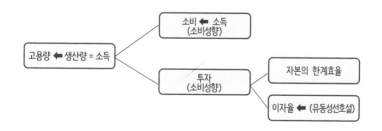

[케인스의 『일반이론』의 전체 흐름] 120)

---

120) 이토 미쓰하루, 『존 케인즈 - '새로운 경제학'의 탄생』, 김경미, 도서출판 소화, 2004, p.150.

케인스의 일반이론은, 앞선 그림과 같이 간단하게 요약할 수 있다. 우선 케인스는 공급의 측면에서 다룬 총공급가격(곡선)과 수요의 측면에서 다룬 총수요가격(곡선)을 정의한다. 그리고 이 두 곡선이 만나는 지점에서 유효수요와 고용량이 결정된다고 주장한다. 또한 총수요가격에 영향을 미치는 부분을 소비와 투자로 나누고, 소비에서는 '소비성향'이라는 새로운 개념을 중심으로, 투자에서는 '자본의 한계효율'과 '유동성 선호'라는 새로운 개념들을 중심으로 전개한다.

전반부에서는 전체적 흐름, 핵심적 아이디어, 개념들의 명확한 정의들을 다루고 있고, 중반부에서는 '소비 부분'과 '투자 부분'으로 나누어 각각을 3개의 개념(소비성향, 자본의 한계효율, 유동성 선호)에 기반하여 독창적으로 설명해나가고 있다. 후반부에는 '화폐 부분'도 추가하여 설명하고, 자신의 이론의 의의를 정리하며 마무리한다.

우리는 케인스의 일반이론 중 '예술, 철학, 과학과 경제학의 관계'가 가장 잘 녹아든 부분들 몇 부분만 선택해 다뤄보고자 한다. 따라서 처음부터 끝까지를 모두 다루지는 않고, 절반 정도, 그러니까 전반부와 중반부의 '소비성향과 관련된 부분만 다루려고 한다. 왜냐하면 이 부분들만으로도 중요한 이야기를 충분히 이끌어낼 수 있고, 방대한 양을 급급하게 다 소화해내기보다 말하고자 하는 바가 뚜렷한 부분들을 추려내어 설명하는 게 독자들에게도 효율적으로 메시지를 전달할 수 있다고 생각했기 때문이다.

이 책을 읽은 후, 나머지 절반인 투자 부분과 화폐 부분도 더 공부해보며 예술·철학·과학적 요소가 어떻게 녹아있는지 고민해보는 것은 독자의 몫으로 남겨두려고 한다. 특히 케인스에게 '투자' 또한 '소비'만큼이나 중요한 요소였고, 투자와 관련한 개념들을 인간의 심리에 주목하여 독특하게 해석해냈다. 특히 '자본의 한계효율'과 '유동성 선호'라는 개념에 주목하며 공부해보길 추천한다. 이 책의 뒤에 적혀있는, 저자가 참고한 문헌들을 살펴보면, 이해하는 데 훨씬 도움이 될 것이다.

또한 제6장은 케인스의 경제이론인 '일반이론'을 직접 다루는 만큼, 원서의 구성과 흐름을 그대로 따라가며 글을 써나갔다. '일반이론' 목차에 따라 내용을 설명하고, 각 내용들이 어떻게 예술·철학·과학적 요소와 연관될 수 있는지를 설명하였다. 간단히 내용을 함축한 소제목들 앞에, "예술적 능력", "철학적 능력", "과학적 능력" 등과 같이 중점을 두어 설명해낼 수 있는 요소들을 간략하게 적어 강조도 해두었다. 이를 참고하며, 경제학과 예술, 철학, 과학의 관계에 한 번 더 주목하며 읽어주길 바란다.

▌제1절 Chapter 1 : The General Theory(일반이론)

[과학: 전체적인 구조와 체계를 세울 수 있는 능력]
기존의 이론까지 설명할 수 있는 더 일반화된 이론,
"일반이론(General Theory)"

케인스는 이론적으로나 실제적으로나 100여 년간 학계 및 정치 모두를 휘어잡고 있던 '고전학파의 경제학 이론' 안에서 그 역시 자라왔다고 주장했다. 그러나 그는 자신의 저서 제목인 『일반이론』에서 '일반(general)'이라는 접두사에 의미를 부여하며, 고전학파 이론과는 다른 길을 가려 함을 주장한다.

고전학파의 이론은 자신이 새롭게 주장하는 『일반이론』의 특수한 경우 중 하나일 뿐이라는 것이다. 즉, 특별한 조건과 상황들 아래에서 고전학파의 이론이 성립되는 것이며, 그 조건과 상황들은 일어날 수 있는 많은 경우 중의 하나일 뿐이라는 것이다. 따라서 그 특별한 경우까지도 다 포함할 수 있는 더 일반적인 원리를 주장하는 "일반적인" 이론을 성립하겠다고 케인스는 선언한다.

[예술: 실제 일어나고 있는 현상 자체를 중요하게 생각하는 태도]
가장 근본적인 공준은 현실을 반영해야 한다

더 나아가, 우리가 앞서 살펴보았듯, 케인스는 '우리가 실제 사는 경제 현실'에 걸맞은 이론 혹은 공준[121]이 성립되어야 한다고 주장한다. 그러나 고전학파는 당시의 경제 현실과는 괴리가 있는 공준을 사용했음을 케인스는 지적한다.

> Moreover, the characteristics of the special case assumed by the classical theory happen not to be those of economic society in which we actually live, with the result that its teaching is misleading and disastrous if we attempt to apply it to the facts of experience.[122]

> : 더군다나, 고전학파에 의해 가정되고 있는 특별한 경우로서의 특징들은 우리가 실제 살고 있는 경제적 사회에서 일어나지 않는 것들이다. 그래서 고전파 이론의 가르침을 실제 사실적인 경험들에 적용하려고 시도하면, 결과적으로 오해와 재해를 부르게 될 것이다.[123]

여기서 우리는 케인스가 경제학에서 어떤 가정을 할 때라도, 우리가 실제 살고 있는 경제적 현실에 걸맞게 해야 하며, 또한 완성된 경제학 이론의 가르침은 실제 우리가 경험하는 세계에도 적용할 수 있어야 한다고 주장했음을 알 수 있다. 따라서 실제 우리가 살아가는 세계를 풍부하게 감각해야, 더 정확한 경제 이론을 만들 수 있다는 것이다.

---

121) 공준: 더 이상의 논리적 증명이 불가능한 명제로서, 학문적 또는 실천적 원리로서 인정되는 것(케인스의 직접적 지식과 관련이 있다).
122) John Maynard Keynes, *The general theory of employment, interest, and money,* Palgrave Macmillan for the Royal Economic Society, 2007.
123) J. M. 케인즈, 『고용, 이자 및 화폐의 일반이론(개역판)』, 조순 옮김, 비봉출판사, 2007.

[철학: 이론의 근본 · 뿌리를 향한 대담한 질문]
가장 근본적인 공준들에 대한 의심과 질문

케인스는 거대한 고전파 이론의 가장 아래에 있는 근본적인 공준들을 의심한다. 바로 여기서 기존의 지식들을 그냥 받아들이지 않고, 그 밑바탕의 본질을 정확히 '스스로' 꿰뚫어 보려는 철학적 태도를 엿볼 수 있다.

'공준'이란, 더는 연역적으로, 논리적으로는 증명할 수 없는 것으로서, 어떤 이론의 가장 아래에서 아주 명백하게 참이라고 여겨지는 것들을 말한다. 이것은 케인스가 언급한 '직접적 지식'과 밀접한 관련이 있다. 케인스에게 이론을 이루는 지식은, 현상의 본질을 직접 꿰뚫음으로써 알아낸 직접적 지식과 그 직접적 지식으로부터 논리적 관계를 통해 알아낸 간접적 지식으로 이루어진다. 간접적 지식은 그 논리적 근거로서 다른 간접적 지식이나 직접적 지식을 불러오지만, 직접적 지식은 그 자체로 본질을 품고, 자명하게 참으로 여겨진다.

만약 이론의 기반을 다지고 있는 직접적 지식이 정말로 현실 세상을 정확하게 바라보고, 그 본질을 담아냈다면, 그로부터 적절하게 이끌어져 나오는 지식과 이론들도 모두 참일 것이다. 그러나 만약 그 직접적 지식에 현상의 본질이 제대로 담겨있지 않다면 혹은 현상 자체가 변화했다면, 그 직접적 지식은 반드시 다시 검토되어야 한다.

이러한 작업은 철학자들의 주된 작업이다. 철학자들은 어떤 이론의 가장 근본에 있는 공준 혹은 직접적 지식, 실질적 정의가 무엇인지에 대해 알아낸 다음, 그것이 정말로 참인지, 바람직한지, 본질을 담고 있는지, 진짜인지에 대해 의문을 제기한다. 앞서 소크라테스를 예로 들어, '이것이 정의롭다, 저것은 정의롭지 못하다'며 '정의(justice)'와 관련된 주장을 하는 사람에게, 소크라테스는 "당신이 생각하는 정의란 과연 무엇인가?"라고 물었던 것을 우리는 기억할 수 있을 것이다.

케인스는 철학자들처럼 고전파 경제학이 가장 아래에 두고 의심하지 않고 있는 직접적 지식, 공준, 실질적 정의를 직접 뒤집어 검토하며 과연 진짜 실제 현실의 본질을 담고 있는지, 정말 참인지에 대해 의문을 제기한다.

[예술: 실제 일어나고 있는 현상 · 현실을 예민하게 포착하고 그를 중요시하는 태도] 고전파의 두 가지 공준과 자신이 경험한 현실의 불일치

고전파 이론의 두 가지 공준은, 현재 일어나고 있는 마찰적 실업[124]이나 자발적 실업[125]과는 양립할 수 있었다. 그러나 케인스는 실제 경제 현실에서 일어나고 있는, 제3의 실업 범주인 "비자발적 실업(involuntary unemployment)"이 고전파 이론과 양립할 수 없다고 주장했다. 우리가 주목해야 하는 경제 현실에서, 사람들이 일하고 싶은 만큼 일하는 경우가 드물다는 것이다. 즉, 기업이 일정 임금을 준다고 했을 때, 나는 충분히 일하고 싶은데, 고용되지 못해 하지 못하는 '비자발적 실업'이 존재한다는 것이다. 경제 현실에서 명백하게 일어나고 있는 현상을 기존의 이론이 적절히 설명해주지 못해서 가진 문제 의식이, 그가 『일반이론』을 집필하는 계기가 된다.

우리는 케인스가 '실제 현실에서 일어나고 있는 일들'에 매우 집중했음을 알 수 있다. 원하는 만큼 일하지 못하는 노동자, 고용되고 싶어도 고용되지 못하는 노동자들이 실제 경제 현실에서 나타나고 있음을 알아차렸고, 이에 대한 고전파 이론의 설명에 대해 과연 그 설명이 지금의 이 실제 현상을 제대로 설명해줄 수 있는지에 대해 의문을 제기했다. 그리고 고전학파의 설명에 대해 반박을 할 때, '실제 노동자들의 실질임금 및 화폐임금에 대한

---

124) 마찰적 실업: 새로운 직장을 찾거나, 옮기는 과정에서 일시적으로 발생하는 실업.
125) 자발적 실업: 일할 의사는 있지만, 현재의 임금수준이 낮다고 생각하여 스스로 실업하고 있는 것.

태도'에 집중함으로써, 실제 현실을 직접 대면하고, 파악하여 그로부터 참인 지식을 추론해내려고 노력하고 있다. 이렇게 '실제'와 '현실', '현상'에 집중하고, 이로부터 세계를 직접 감각 및 지각해내려고 노력하는 모습은 흡사 예술가를 떠올린다. 물론, 예술가는 노동자들의 실질임금 및 화폐임금에 대한 태도나 비자발적 실업의 존재에 대한 지각보다, 자연의 숭고함이나 자신이 실제 느끼고 있는 감정의 표현, 색의 조화와 아름다움에 더 주목할지도 모른다. 그러나 경제학자로서의 케인스와 예술가 모두는 실제 일어나고 있는 현상 그 자체에 주목하며, 그로부터 일상의 차원에서보다 더 강한 근본적 힘을 지각하려는 모습이 매우 닮았다.

[예술: 실제 일어나고 있는 현상 자체를 중요하게 생각하는 태도]
고전학파의 공준 1차 반박: 노동자들의 실제 행동

케인스는 우리의 '경험'에 의해, 노동자들이 요구하는 것은 실질임금이 아닌 화폐임금임을 알 수 있다고 주장하며, 노동자들의 이러한 태도는 경제학적으로도 바람직하다고 주장한다.

Now ordinary experience tells us, beyond doubt, that a situation where labour stipulates (within limits) for a money-wage rather than a real wage, so far from being a mere possibility, is the normal case.

: 우리의 일상 경험에 의하면, 노동자가 (일정 한도 내에서) 요구하는 것은 실질임금이라기보다는 화폐임금이라는 현실이 단순한 하나의 가능한 경우가 아니라, 오히려 정상적인 경우라는 것은 의심의 여지가 없다.

But, whether logical or illogical, experience shows that this is how labour in fact behaves.

: 그러나 합리적이건 비합리적이건 간에, 경험이 보여주는 노동자의 실제 행

동은 바로 이와 같다.

These facts from experience are a prima facie ground for questioning
the adequacy of the classical analysis.

: 이러한 모든 경험상의 사실은 고전파 분석의 타당성을 의문시하게 되는 제1
차적인 이유가 된다.

[예술: 실제 일어나고 있는 현상 자체를 중요하게 생각하는 태도]
고전학파의 공준 2차 반박:
실질임금의 수준을 결정하는 것은 임금 교섭이 아니다

케인스는 두 번째 공준을 무너트리기 위해 한 가지를 더 반박한다. 고전
학파는 실질임금의 일반적인 수준이 고용주와 노동자들의 사이의 실질임금
에 대한 교섭을 통해 이뤄진다고 주장한다. 그러나 케인스는 실질임금의 일반
적인 수준을 결정하는 것은 기본적으로 임금교섭 외의 다른 힘(other forces)이
라고 주장한다.

케인스는 여기서 '힘(force)'이라는 용어를 사용했다. 폴 세잔이 생 빅투
아르 산을 보며 강렬한 힘을 느낀 것이 생각나지 않는가? 아직 '힘'이라는
용어로 표현된 것으로 보아, 실질임금의 수준을 결정하는 본질까지 정신적
으로 포착하진 못했지만, 어렴풋이 어떤 힘을 느낀 것으로 보인다. 케인스
는 이 힘을 느꼈기 때문에, 뒤이어 그 힘의 본질(nature, essence)을 알아내고
자 한다. 실질임금이 과연 어떻게 결정되는지, 실질임금을 움직이는 힘은
무엇인지, 실질임금의 본질은 무엇인지에 대해 밝히려고 한다. 기존 고전학
파에서의 실질임금의 의미를 정확히 직접 대면하고, 이에 대한 오류를 현실
의 감각과 지각에 기반하여 지적한 다음, 실제 현실을 만들어내고 있는 힘
을 일상의 감각보다 더 깊이 들어가 어렴풋하게 감각하고, 지적으로 직관하
고, 본질을 꿰뚫어 개념의 실질적인 정의를 내리는 것이다. 다음은 케인스

가 실질임금을 움직이는 '힘'에 대해 언급한 부분들이다.

We shall endeavour to show that primarily it is certain other forces which determine the general level of real wages.

: 나는 실질임금의 일반적인 수준을 결정하는 것은 기본적으로 임금교섭 이외의 다른 힘이라는 것을 보여주고자 한다.

In other words, the struggle about money-wages primarily affects the distribution of the aggregate real wage between different labour-groups, and not its average amount per unit of employment, which depends, as we shall see, on a different set of forces.

: 다른 말로 하자면, 화폐임금에 대한 투쟁은 총실질임금이 각 노동자 그룹에 어떻게 분배될 것이냐에 영향을 끼친다. 화폐임금에 대한 투쟁이 한 단위의 고용에 해당하는 평균 실질임금을 바꾸는 것은 아니다. 우리가 앞으로 볼테지만, 한 단위의 고용당 평균 실질임금은 다른 종류의 힘에 의존한다.

The general level of real wages depends on the other forces of the economic system.

: 실질임금들의 전반적인 수준은 경제 체제(시스템)의 다른 힘에 의존한다.

[예술 · 철학: 실제 경제 현실에 대한 생생한 경험을 바탕으로, 새롭게 근본을 세우는 작업의 필요성]
비유클리드적인 세계에 있는 유클리드의 기하학자들

케인스는 고전학파가 비유클리드적인 세계에 있는 유클리드의 기하학자들이라고 비유하며, 다음과 같이 설명한다.

Obviously, however, if the classical theory is only applicable to the case of full employment, it is fallacious to apply it to the problems of involuntary unemployment — if there be such a thing (and who will deny it?).

: 하지만 명백히, 이 고전학파 이론이 '완전고용'의 경우에만 적용된다면, 고전학파 이론을 '비자발적 실업'의 문제에 적용하는 것은 잘못된 것이다(물론 비자발적 실업이 없다고 누가 말하겠는가?)

The classical theorists resemble Euclidean geometers in a non—Euclidean world who, discovering that in experience straight lines apparently parallel often meet, rebuke the lines for not keeping straight — as the only remedy for the unfortunate collisions which are occurring.

: 고전 이론가들은 비유클리드적인 세계에 있는, 유클리드의 기하학자들을 닮았다. 유클리드의 기하학자들은 겉보기엔 평행한 곧은 두 선이 현실에서 경험적으로 가끔 만난다는 것을 경험하고 나서는, 그 선들이 왜 올곧지 않고 있느냐고 그 선들을 꾸짖는다. 그렇게 꾸짖는 것만이 그들에게 불운한 선들의 교차가 일어나게 된 것에 대한 치료이다.

Yet, in truth, there is no remedy except to throw over the axiom of parallels and to work out a non—Euclidean geometry.

: 하지만 사실 진정한 치료는, '평행함'에 대한 공리를 던져버리고, 비유클리드 기하학을 새로 연구해내는 것이다.

Something similar is required to—day in economics.

: 비슷한 것이 현재 경제학에도 적용된다.

We need to throw over the second postulate of the classical doctrine and to work out the behaviour of a system in which involuntary un—

employment in the strict sense is possible.

: 우리는 고전학파이론의 두 번째 공준을 던져버리고, 비자발적 실업이 존재
할 수 있는 행동 체계를 만들고 연구해나가야 한다.

케인스의 이러한 비유에서, 그의 경제학에 대한 견해를 더욱 확실하게
알 수 있다. 케인스는 겉보기엔 평행하고 곧은 두 선이 현실에서 '경험적으
로' 가끔 만난다는 것을 경험해서, 기존의 '평행함'에 대한 개념이 잘못되었
음을 인지했다면, 기존의 공리를 던져버리고, 비유클리드 기하학을 새로 연
구해야 한다고 주장한다.

즉, 기존의 지식이 현실 세계를 적절히 설명해주지 못한다면, 기존의 지
식의 논리적 관계에 대해 다시 살펴보고, 더 나아가 그 지식의 가장 아래에
있는 근본적인 직접적 지식들을 던져버려야 한다는 것이다. 경험, 현실, 현
상의 세계 그 자체로부터 '본질'과 '실질적 정의', '직접적 지식'을 끌어내야
한다는 것이다. 그로부터 새롭게 이론을 정립해 나가야 한다. 기존의 '평행
함'에 대한 공리가 맞음에도 불구하고, 왜 현실 세계는 그 공리에 걸맞지 않
느냐고 꾸짖는 것은 옳지 않다는 것이다.

그럼에도 불구하고 케인스는 바로 이러한 일을 고전학파 경제학자들이
하고 있다고 주장한다. 따라서 케인스는 기존의 '평행함'에 대한 공리를 던
져버리고, 현실 세계에 맞는 새로운 '평행함'에 대한 공리를 세워나가듯, 고
전학파의 두 번째 공준을 던져버리고, 새로운 실질임금의 본질과 고용에 대
한 본질을 파악해 경제 체계를 정립해나가야 한다고 주장했다. 그리고 실제
로 이를 실현했다. 후에 알아보겠지만, 케인스는 하나하나 모두 정확하게
실질적인 정의를 내린 후에, 논의를 이어나간다. 새로운 체계의 정립을 위
해, 기존의 정의를 그대로 수용하지 않은 것이다. 우리가 실제 경험하고 있
는 현실에 걸맞은 경제 지식 체계를 만들기 위해, 근본을 의심하고, 본질을
파악해 근본을 다시 성립시키는 철학자의 일과 같은 작업이 새로운 경제학

의 설립에도 필요함을 케인스는 몸소 증명하고 있다.

[철학: 실질적 정의 내리기] 비자발적 실업의 정의

케인스는 비자발적 정의와 관련하여, 다음과 같이 정의를 내린다.

My definition is, therefore, as follows.

: 내 정의는 다음과 같다.

Men are involuntarily unemployed if, in the event of a small rise in the price of wage-goods relatively to the money-wage, both the aggregate supply of labour willing to work for the current money-wage and the aggregate demand for it at that wage would be greater than the existing volume of employment.

: 화폐임금과 비교했을 때, 임금재가 아주 조금 더 올랐을 때, 현재 화폐임금에서 일하고자 하는 사람들의 총공급과 현재 화폐임금에서 고용하고자 하는 고용주들의 총수요 모두가, 현재의 고용량을 넘어설 때만이 비자발적 실업이 이뤄진다고 할 수 있다.

케인스는 '비자발적 실업'이라는 개념을 창조하고, 그 본질을 담은 정의를 직접 내렸다. 경제 현실에서 직접 현상을 경험하고, 이에 대한 본질을 통찰함으로써, 자신만의 실질적 정의를 내린 것이다. 이 정의에는 케인스가 꿰뚫은 '비자발적 실업'에 대한 본질이 포함되어 있으며, 이로부터 많은 것들이 뽑아 나올 수 있었다. 따라서 어떤 현상을 감각하고 그 이후에 반드시 '정의(definition)'를 내리는 것은 매우 중요하다고 할 수 있다.

[철학: 실질적 정의 내리기] 기본 용어들에 대한 간단한 정의

케인스는 『일반이론』 Chapter 3(제3장)을 몇 가지 용어들에 대해 간단하게 정의를 내리며 시작한다. 우리도 그 정의들을 따라가 보자.

우선 고용의 요소비용(factor cost)은 "다른 기업가들을 제외하고, 생산하는데 필요한 요소들이 서비스를 제공하기 때문에 그 서비스에 대한 대가를 지급하기 위해 요소들에 제공하는 비용"이다. 즉, 어떤 상품이나 서비스를 만들기 위해 고용 혹은 사용한 요소들에게 주는 대가(예를 들어, 임금, 지대)인 것이다.

사용자비용(user cost)의 경우에는 뒤에 아주 상세하게 그 정의를 다루고 있다. 여기서는 간단히 "다른 기업가들로부터 구매해야 하는 생산물들에 제공하는 비용과 자본설비를 가동하지 않은 상태로 두는 대신에 계속 가동하는 데 드는 비용"을 합해서 사용자비용이라고 한다. 그리고 결과물로 만들어진 생산물의 가치에서 요소비용과 사용자비용을 모두 빼면, 기업가의 소득(the income of the entrepreneur)인, 이윤(profit)이 나온다.

요소비용은 기업가의 관점에서 본 것으로, 어떤 상품이나 서비스를 생산하는 데에 노동이나 자본(토지, 건물 등)의 사용을 허락한 사람들이 그에 맞게 받는 대가이다. 따라서 생산요소비용은 생산요소들의 수입이 된다. 따라서 요소비용과 기업가의 소득, 즉 이윤을 합한 것이, 기업의 생산 활동으로부터 나올 수 있는 총수입(total income)이다. 그리고 기업가의 관점에서는, 이 총수입이 생산품의 판매수익금에 해당한다.

케인스는 이처럼 모든 논의에 앞서, 자신이 사용하는 용어들에 대해 정확하게 실질적 정의를 내린다. 즉, 앞으로 세워나갈 이론들, 논리들, 원리들, 법칙들의 근본이 되는 개념의 본질들에 대해 정확하게 파악하고, 설명

하고 넘어가는 것이다. 이러한 그의 특징은 새로운 경제학의 성립에서, 철학적인 작업, 즉 개념의 본질을 포착한 후 이에 대한 실질적 정의를 확실하게 세우는 것이 얼마나 중요한 것인지 말해준다고 할 수 있다.

[철학·예술: 실질적 정의 내리기]
총공급가격 및 총수요가격의 정의와 '기대'의 도입

On the other hand, the aggregate supply price[126] of the output of a given amount of employment is the expectation of proceeds which will just make it worth the while of the entrepreneurs to give that employment.

: 일정하게 주어진 양의 고용량에서 나온 생산물의 총공급가격(the aggregate supply price)은 기업가가 그만큼의 고용량을 고용할 만한 가치가 있다고 생각하게 하는, 판매수익금에 대한 기대치이다.

케인스는 "총공급가격"의 본질을 기존과 다른 방식으로 포착하여, 새롭게 정의해 내려간다. 바로 이 지점에서부터 케인스의 기존 경제학 이론과의 차이점이 드러나기 시작하는 것이다. 케인스가 말하는, 생산물의 "총공급가격"은 "기업가가 그만큼의 고용량을 고용할만한 가치가 있다고 생각하게 만드는 판매수익금에 대한 기대치"이다. 이를 좀 더 풀어서 설명해보자. 예를 들어, 50명의 사람을 고용했을 때, 50명의 사람을 고용한 것이 바람직하다고 생각하게 만들어주는 판매수익금이 있을 것이다. 즉, 49명이나 51명의 사람을 고용했을 때보다 50명의 사람을 고용했을 때가 가장 효율적인 것이다. 따라서 기업가가 n명의 사람을 고용했을 때, 자신이 받으리라고 '기대'하고 바라는 판매수익금을 총공급가격이라고 하는 것이다.

---

126) Not to be confused with the supply price of a unit of output in the ordinary sense of this term.: 한 단위의 생산물의 공급 가격과 혼동하지 마라.

50명의 사람을 고용했다면, 그 50명의 사람은 자신의 노동에 대한 보수(임금)를 받을 것이다. 따라서 그들은 소비할 수 있다. 그 50명의 사람이 기업의 생산품들을 구매함으로써, 기업에는 판매수익금이 생기게 된다. 이렇게 생산품의 소비를 통해 생겨나는 판매수익금에 대한 기업가의 '기대치'를 총수요가격이라고 한다. 즉, n명의 사람을 고용했을 때, 그들의 소비를 통해 생겨나는 판매수익금에 대한 '기대치'가 총수요가격이다.

N명의 사람을 고용했을 때, 총공급가격은 $Z = \phi(N)$으로 나타내며, N명의 사람을 고용했을 때, 총수요가격은 $D = f(N)$으로 나타내기로 하자. 위 내용을 그래프로 간략하게 나타내면 다음과 같다.

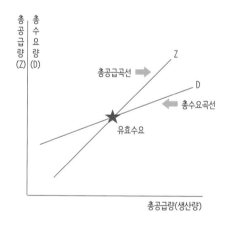

[총공급곡선·총수요곡선과 '유효수요'] 127)

우리는 여기서 케인스가 "총공급가격"과 "총수요가격"이라는 개념의 실질적 정의에 "기대"라는 요소를 고려했음에 주목할 필요가 있다. 케인스는 경제학이란 도덕과학에 속한다고 주장했다. 왜냐하면, 경제 현상에는 인간의 주관적인 요소들이 개입되기 때문이다. 바로 여기에서, 총공급가격 및

127) 이토 미쓰하루, 『존 케인즈―'새로운 경제학'의 탄생』, 김경미, 도서출판 소화, 2004, p.108.

총수요가격이라는 경제학 개념에 인간의 주관적, 심리적 요소인 "기대"를 도입한 것을 보면, 케인스가 경제학이란 도덕과학이라고 주장했던 것과 관련이 있음을 알 수 있다.

인간의 주관적 요소인 '기대'가 영향을 끼치는 경제현상을 직접 경험하고, 이와 함께 총공급가격 및 총수요가격과 관련한 개념의 본질을 담은 정의를 통해, 실제 경제 현실에 걸맞은, '기대'를 도입한 '총공급가격' 및 '총수요가격'의 실질적 정의를 내린 것이다. 즉, 실제로 n명의 사람들을 고용했을 때, 실제 발생한 판매수익금이 100만 원이 아니라도, 기업가가 100만 원이라고 기대했다면, 그로 인한 경제 현상이 발생하게 된다는 것이다. 케인스는 이렇게 총공급가격과 총수요가격의 본질을 '기대'와 연관 지어 찾아냈고, 공급이 수요를 창출한다는 고전학파의 원리를 벗어나 새롭게 생각할 수 있었다.

[철학: 실질적 정의 내리기] '유효수요'의 개념 재정립

Thus the volume of employment is given by the point of intersection between the aggregate demand function and the aggregate supply function;

: 그러므로 고용량은 총수요함수와 총공급함수의 교차점에서 정해진다.

The value of D at the point of the aggregate demand function, where it is intersected by the aggregate supply function, will be called the effective demand.

: 총공급함수와 총수요함수가 교차하는 지점의 D의 값이 "유효수요"라고 불릴 것이다.

Since this is the substance of the General Theory of Employment, which it will be our object to expound, the succeeding chapters will be largely occupied with examining the various factors upon which these two functions depend.

: 이것(=유효수요)이 우리가 자세히 앞으로 설명할 고용의 일반이론이므로, 앞으로의 장들은 이 두 함수가 의존하고 있는 다양한 요소들을 조사하는 것으로 채워질 것이다.

케인스는 총수요함수와 총공급함수가 교차하는 지점에 주목한다. 그리고 이들이 교차하는 지점에서 실제 고용량이 정해지며, 교차하는 지점에서의 '총수요가격'의 값을 '유효수요'라고 정의한다.

우리는 여기서 두 가지 특징에 주목할 필요가 있다. 첫 번째는, 총수요함수와 총공급함수는 인간의 '기대'로 이루어진 것임에도 불구하고, 이를 통해 실제 아주 중요한 경제 현상인 '고용량'이 정해진다는 점이다.

두 번째는, 유효수요에 대한 기존의 의미, 정의를 새롭게 했다는 점이다. 이는 케인스가 '유효수요'라는 개념에 대한 본질을 새롭게 해석하고 직관했기 때문에 가능한 것이었다.

기존의 유효수요는 실제 구매력을 가진 사람들의 상품의 수요를 의미했다. 즉, 내가 만 원짜리 빵을 먹고 싶음에도 불구하고, 5천 원 밖에 없다면, 나는 유효수요를 가진 것이 아니다. 그러나 만약 누군가가 2만 원을 가지고 있고, 만 원짜리 빵을 구매하고 싶어한다면, 그는 유효수요를 가진 것이다.

케인스는 '유효수요'의 기존의 의미에 담긴 '모든 수요 중에 실제 실현될 수 있는 수요'라는 부분에 초점을 맞춘 것 같다. 유효수요가 생기려면, 사람들은 어딘가에 실제 고용이 되어 보수를 받아야 한다. 실제 고용량이 정해지는 지점이 총수요함수와 총공급함수가 교차하는 지점이므로, 바로 그곳에서 실제로 보수를 받는 사람들의 수가 결정되고, 이로 인해 실제로 구매력을 가진 사람들의 수요가 발생하게 된다는 것이다.

케인스는 '유효수요'라는 개념의 본질을 실제 '고용량'과 연결하여 이해했다. 그저 구매력이 있는 사람들의 수요라는 의미에서, 한층 더 나아가 고용이 되어야만, 구매력을 가진다는 의미가 더해져서 '유효수요'라는 개념의 실질적 정의가 새롭게 태어난 것이다. 이는 기존 개념의 의미를 분석하고, 이에 본질에 대한 새로운 직관을 더해 새롭게 의미를 정의하는 철학자들의 작업과 매우 닮았다.

[철학] '정의(Define)'를 한다는 것의 즐거움

Amidst the welter of divergentusages of terms, it is agreeable to discover one fixed point.

: 여러 가지 용어들의 형형색색의 용법의 혼란 속에서 하나의 확정 점을 발견한다는 것은 유쾌한 일이다.

케인스는 『일반이론』의 제6장에서 본격적으로 소득, 소비, 투자, 저축, 사용자비용 등에 대해 자세히 그리고 하나하나씩 실질적 정의를 내리면서 위와 같이 이야기한다. 한 개념에 대해 다양한 의미들이 혼란스럽게 엉켜있는 가운데에서 그 개념의 본질을 꿰뚫어 정확하게 하나의 확정 점을 발견해내는 것의 즐거움을 말이다. 이는 케인스가 앞서 언급한 복잡한 현상 속 본질의 꿰뚫음, 본질의 관조 더 나아가 철학과 관련된 즐거움을 언급하는 것이라 볼 수 있다.

Chapter 8, 9 : The Propensity to Consume:
I. The Objective Factors & II. The Subjective Factors
(소비성향: I. 객관적 요인들 & II. 주관적 요인들)

제4절은 케인스의 3대 심리법칙[128] 중 하나인 "소비성향"이라는 개념에 대해 알아보자. 케인스는 사람들이 자신의 소득 중에서 소비에 지출하는 비중에 어떠한 심리적 경향이 있다는 것을 지각했다. 어떤 요인들이 전체 소득 중에서 소비에 지출되는 액수를 결정하는지를 객관적 요인과 주관적 요인을 나누어 설명해낸다. 이 중 객관적 요인에 대해 다루는 것이 일반이론 Chapter 8이며, 주관적·심리적 요인에 대해 다루는 것이 일반이론 Chapter 9이다.

[예술·철학: 실제 현상을 세심하게 느끼고 경험하는 능력 &
개념의 본질을 꿰뚫는 능력] 소비 성향의 포착 및 정의

We will therefore define what we shall call the propensity to consume as the functional relationship X between (Y_w) a given level of income in terms of wage-units, and Cw the expenditure on consumption out of that level of income, so that $C_w = X(Y_w)$ or $C = W \times X(Y_w)$.

: 따라서 우리는 우리가 소비성향(propensity to consume)이라고 부르고자 하는 것을, 임금단위로 측정되는 일정 수준의 소득(Y_w)와 그 소득수준으로부터 지출되는 소비액 (C_w) 사이의 함수관계 X로 정의하고자 한다. 따라서 $C_w = X(Y_w)$ 또는 $C = W \times X(Y_w)$로 된다.

As we shall show subsequently,[129] the stability of the economic system essentially depends on this rule prevailing in practice.

---

128) 소비성향, 자본의 한계효율, 유동성 선호를 말한다.
129) Cf. p. 251 below.

: 후에 설명하는 바와 같이, 경제 체계의 안정성은 근본적으로 "현실"을 지배하고 있는 이 법칙에 의존한다.

케인스는 공동체의 심리에 주목하여, 총실질임금이 증가하는 만큼 총소비가 증가하지는 못한다고 주장한다. 이를 사람들의 심리법칙으로 설명하며 '소비성향'이라는 개념으로 부른다. 이는 케인스의 3대 심리법칙 중에 하나다. 케인스는 소득이 기존과 비교해 2배 증가했다고 해서, 소비도 2배 같이 증가시키는 것은 아니라고 주장한다. 기존과 똑같이 소비하진 않지만 2배보다는 더 적게 소비를 증가시킨다는 것이다. 이렇게 케인스는 사람들이 심리적으로 가진 소비성향에 의존하여, 경제 현상을 바라보았다. 사람들의 주관적인 소비성향이 경제 현상에 직접 영향을 끼치는 것이다. 그는 실제 사람들의 소비성향에 대해 예리하게 느끼고, 이를 개념으로 만들고, 또 이를 자신의 고용이론 속에서 논리적으로 연결해 거대한 경제이론을 구축해 나간 것이다.

케인스는 소비성향에 대한 개념이 처음에는 흐릿하게 느껴지다가 점점 더 선명해졌다고 했다. 케인스가 사람들의 소비성향에 대해 예민하게 느끼거나 경험하지 못했다면 어땠을까? 혹은 사람들의 심리적 소비성향에 대해 경험했을지라도, 소비성향에 대한 본질을 담은 개념을 만들어내지 않았다면? 혹은 소비성향에 대해 실질적 정의까지 내렸을지라도, 이것이 고용량과 무슨 관계가 있는지에 대해 논리적으로 직관하지 못했다면? 아마 케인스의 경제 이론은 소비성향이라는 새로운 개념으로 반짝이지 못했을 것이다.

케인스는 소비성향($\frac{소비의 증가량}{소득의 증가량}$)이 어느 정도 일정한 숫자로 정해져 있다고 생각했다. 그리고 이 수는 항상 1을 넘지는 못한다. 즉, 소비의 증가량이 소득의 증가량보다 적다. 따라서 공동체의 소비량을 넘어서는 총 산출물량이 있다면, 이 산출물량을 소화하기에 충분한 현재 투자량(=경상투자량)

이 존재해야 한다는 것이다. 좀 더 쉽게 말하자면, 총공급가격이 총수요가격에 비해 높으므로, 이 간격을 채워줄 수 있는 투자량이 존재해야 한다는 것이다.

예를 들어, 고용량을 50명에서 100명으로 늘렸다고 생각해보자. 그러면 기업가로서는 100명을 고용했음을 바람직하다고 생각하게 만드는 총판매수익금이 존재할 것이다. 바로 이것이 '총공급가격'이다.

그리고 50명을 더 고용했으므로, 사회 전체적으로는 총생산물에 대한 소비가 늘었을 것이다. 그러나 이 소비의 증가가, 기업가가 고용을 늘려서 필요한 총판매수익금의 증가보다 더 적다는 것이다. 즉, 총공급가격이 총수요가격보다 높다는 것이다. 그러면 고용량은 다시 원래 상태로 감소할 수밖에 없다.

따라서 이를 막기 위해, 총수요가격을 이루는 소비에 더해서 '투자'가 있어야 한다는 것이다. 즉, 기업가가 증가한 고용량에 맞게 받길 기대하는 총판매수익금을 만족하게 해주기 위해, 소비로 이루어진 총수요가격에 총생산물에 대한 '투자'를 더해 주어야 한다는 것이다. 따라서 케인스는 총수요함수를 이루는 요소를 '소비'와 '투자'로 나누어 설명하며, 일반이론의 후반부에서 세세하게 논의한다.

[예술: 실제 현실·현상을 세심하게 느끼고 경험하는 능력]
소비성향의 심리적 및 주관적 요인들

(i) To build up a reserve against unforeseen contingencies;

: (1) 예견할 수 없는 우연한 일에 대한 준비를 마련하기 위하여.

(ii) To provide for an anticipated future relation between the income and the needs of the individual or his family different from that which exists in the present, as, for example, in relation to old age, family education, or the maintenance of dependents;

: (2) 장래에 있어서의 소득과 개인 또는 그의 가족의 필요 사이의 관계가 현재 존재하는 것과는 다를 것이 예상되기 때문에 이에 대비하기 위하여, 예를 들어, 노령, 가족의 교육, 부양가족의 보호 등이 이것이다.

(iii) To enjoy interest and appreciation, i.e. because a larger real consumption at a later date is preferred to a smaller immediate consumption;

: (3) 이자 및 가치상승을 향수하기 위하여, 즉 후일에 있어서의 더욱 큰 실질소비를 더 적은 현재의 소비보다 선호하기 때문에.

(iv) To enjoy a gradually increasing expenditure, since it gratifies a common instinct to look forward to a gradually improving standard of life rather than the contrary, even though the capacity for enjoyment may be diminishing;

: (4) 점차 늘어나는 지출을 즐기기 위하여. 무릇, 점차 개선되는 생활수준에 대한 기대를 갖는다는 것은 그 반대의 경우보다 인간의 본능을 만족시키는 것이다. 비록 즐길 수 있는 능력은 감소할지라도.

(v) To enjoy a sense of independence and the power to do things, though without a clear idea or definite intention of specific action;

: (5) 비록 어떤 특정한 행위에 대한 명확한 관념이나 확실한 의도는 없다고 하더라도, 독립생활의 의식과 일을 실행할 수 있는 능력을 향수하기 위하여.

(vi) To secure a masse de manoeuvre to carry out speculative or business projects;

: (6) 투기적 또는 영업상의 계획을 실행하기 위한 운용자금을 확보하기 위하여.

(vii) To bequeath a fortune;

: (7) 재산을 물려주기 위하여.

(viii) To satisfy pure miserliness, i.e. unreasonable but insistent in-hibitions against acts of expenditure as such.

: (8) 순수한 인색, 즉 소비지출 그 자체에 대한 불합리하지만 집요한 억제심을 만족시키기 위하여.

These eight motives might be called the motives of Precaution, Foresight, Calculation, Improvement, Independence, Enterprise, Pride and Avarice;

: 이 여덟 가지의 동기를 예비, 심려, 타산, 향상, 독립, 기업, 자존 및 탐욕의 동기라고 불러도 좋을 것이다.

and we could also draw up a corresponding list of motives to consumption such as Enjoyment, Shortsightedness, Generosity, Miscalculation, Ostentation and Extravagance.
: 그리고 우리들은 또 이들에 대응하는 소비동기, 이를테면 향락, 천려, 관대, 오산, 허식 및 방자 등과 같은 것의 목록을 작성할 수가 있을 것이다.

케인스는 소득 및 소비에 대한 관계인 소비성향에 대한 일반 법칙뿐 아니라, 그 외의 소비 동기에 대해서도 아주 구체적으로 설명한다. 그는 사람들이 실제로 어떤 주관적 요소에 의해 소비를 하는지에 대해 아주 예민하고 면밀하게 관찰하고 경험한 후, 이를 세세하게 묘사하고 설명한다.

바로 여기에서 케인스가 경제현상이 인간의 주관적 요소들의 영향을 받는다는 점을 매우 중요하게 생각했다는 점을 알 수 있다(물론, 케인스는 단기적인 분석에서는 소비성향에 주관적 요소들은 모두 일정하게 고정되어 있고, 소득이 가장 큰 영향을 끼친다고 주장했다). 그가 왜 경제학을 '도덕 과학'이라고 주장했는지에 대해 매우 잘 알 수 있는 대목이다.

또한, 그의 예비, 심려, 타산, 향상, 독립, 기업, 자존 및 탐욕의 동기 및 향락, 천려, 관대, 오산, 허식 및 방자 등과 같은 인간의 성질에 대한 아주 자세한 분류 및 분석은 그가 직접 이 세계를 경험하고, 대면하였으며, 더 나아가 그 너머의 무언가를 지각하는 힘까지 매우 뛰어났다는 것을 알 수 있다.

이러한 인간의 주관적 요소 및 실제 경제 현상에 대한 아주 예민하고 면밀한 관찰, 경험, 감각, 지각은 예술과도 매우 밀접하게 연관이 된다. 실제 현상을 아주 예민하게 살펴보며, 그 너머의 것을 감성으로 직관해내는 능력은 케인스에게도 그리고 예술가에도 공통으로 나타나기 때문이다.

[과학: 요소들 간의 관계를 직관하고 논리적으로 풀어낼 수 있는 능력]
고용량, 투자 그리고 소비성향의 관계

This means that, if employment and hence aggregate income increase, not all the additional employment will be required to satisfy the needs of additional consumption.

: 이것이 고용량이, 따라서 총소득이 증가하는 경우, 새로 부가되는 소비를 위한 필요를 충족시키기 위해서, 새로 부가되는 고용량 전부가 요구되는 것은 아니라는 것을 의미하는 것이다.

This simple principle leads, it will be seen, to the same conclusion as before, namely, that employment can only increase pari passu with an increase in investment;

: 이 단순한 원리는 전과 같은 결론, 즉 고용은 소비성향에 변화가 없는 한 투자의 증가와 보조를 맞추어 증가할 수 있을 뿐이라는 명제로 귀착된다는 것을

알 수가 있다.

unless, indeed, there is a change in the propensity to consume. For since consumers will spend less than the increase in aggregate supply price when employment is increased, the increased employment will prove unprofitable unless there is an increase in investment to fill the gap.

: 왜냐하면, 소비자는 고용이 증가할 경우 총공급가격의 증가보다 적게 지출할 것이므로, 고용의 증가는 투자의 증가로 그 간격이 메워지지 않는 한 무익한 것이 될 것이기 때문이다.

좀 더 쉽게 설명해보자. 고용량이 증가하여, 실질소득이 증가할 경우, 소비 또한 증가하게 될 것이다. 만약 총실질소득이 50%가 증가하게 되면, 소비는 앞서 말한 소비성향에 관한 심리법칙에 의해 50% 미만이지만 0%보단 큰 범위에서 증가하게 될 것이다. 예를 들어, 소득이 50% 증가함에 따라 소비가 30% 증가하였다고 해보자. 이 말은, 고용이 증가해서 총공급가격이 증가했음에도 불구하고, 소비자는 이보다 적게 지출하므로, 총공급가격이 소비로 모두 메워지지 못함을 이야기한다.

따라서 바로 이때 필요한 것이 '투자'인 것이다. 투자가 소비가 채워주지 못하는 20%만큼을 채워야 한다는 것이다.

케인스는 소비성향에 관한 심리법칙을 발견하는 것에서 멈추지 않았다. 그 심리법칙이 자신의 경제이론인 일반이론에서 어떻게 논리적으로 위치할 것인지에 대해서도 전체적인 관계를 매우 잘 직관했다. 이는 앞서 말했던 과학에 필요한 능력, 명제들 사이의 논리적 관계를 직관하는 능력과 매우 관련이 깊다. 그는 논리적 관계에 대한 아주 뛰어난 통찰력을 가지고 있었다.

소비성향이 1보다 작으면, 고용량이 증가해서 총공급가격이 증가하지만, 투자량에 의해 보충되지 않는 한, 고용량의 증가에 한계가 생길 것이라고 보았다. 즉, 증가한 총공급가격을 충족시켜주지 못하는 것이다. 이러한 그의 생각은 논리적으로 '투자'에 대한 아이디어로 이어졌고, 이는 '투자'를 해야 한다는 그의 정책과도 긴밀한 관계를 맺게 되었다. 그리고 또 Chapter 10에서 논리적으로 더 자세히 밀고 나간다. 요약하자면, 투자가 유효수요의 확대에 영향을 줌과 동시에, 소득에까지 영향을 미치는 것에 관해 논리적으로 증명하고 설명하는 승수효과를 다룬다.

▎제5절 Chapter 10: The Marginal Propensity to Consume and Multiplier(한계소비성향과 승수)

[과학: 요소들 간의 관계를 직관하고 논리적으로 풀어낼 수 있는 능력]
승수효과

since it establishes a precise relationship, given the propensity to consume, between aggregate employment and income and the rate of investment.

: 왜냐하면, 그것은 일정한 소비성향 아래에서 총고용 및 소득, 그리고 투자율 사이의 엄밀한 관계를 수립하는 것이기 때문이다.

케인스는 일정한 소비성향 아래에서 총고용 및 소득, 투자율 사이의 엄밀한 관계를 수립하기 위해 그들의 관계를 더욱 논리적으로 파고들어 간다. (비록 승수개념은 칸 씨의 논문에 의해 처음 경제이론으로 도입되었지만, 케인스는 이를 자신의 방식으로 소화하여 승수효과를 설명한다.)

승수효과를 예를 들어 설명해보자. 최초에 1,000억의 투자가 이루어졌다고 가정해보자. 그러면 이 금액은 누군가의 손으로 들어가 그 사람의 소득이 된다. 만약 이 가운데 70%가 소비로 지출된다면, 한계소비성향인

$\dfrac{dC_w}{dY_w}$ 는 0.7이 된다. 그리고 이 70%의 소비인 700억은 지출되었으므로, 다시 누군가의 손에 들어가게 된다. 그리고 또 700억의 70%가 소비된다고 가정해보자. 이와 같은 방식으로 이어 나간다고 했을 때, 총소득을 계산해보면, 다음과 같다.

$$1,000억 \ + \ 1,000억 \times 0.7 \ + \ 1,000억 \times 0.7 \times 0.7 \ + \ \cdots$$
$$= \ 1,000억(1+0.7+0.7^2+0.7^3+\cdots)$$
$$= \ 1,000억 \times \frac{1}{(1-0.7)} \ = \ 1,000억 \times \frac{10}{3} \ = \ 3,333.3333\cdots억$$
$$= \ 약 \ 3,333억.$$

따라서 1,000억을 투자했을 뿐인데 총소득의 증가에는 약 3배만큼의 증가가 되는 것이다.

[과학: 요소들 간의 관계를 직관하고 논리적으로 풀어낼 수 있는 능력]
승수효과: 한계소비성향, 투자, 고용의 관계

It follows from the above that, if the marginal propensity to consume is not far short of unity, small fluctuations in investment will lead to wide fluctuations in employment;

: 위의 논의로부터, 만약 한계소비성향이 1보다 크게 적지 않다면, 소량의 투자변동이 대폭의 고용변동을 가져온다는 결론이 도출된다.

but, at the same time, a comparatively small increment of investment will lead to full employment.

: 그러나 동시에, 비교적 소량의 투자증가도 완전고용을 가져온다는 것이 된다.

If, on the other hand, the marginal propensity to consume is not much above zero, small fluctuations in investment will lead to correspondingly small fluctuations in employment;

: 이에 반하여, 만약 한계소비성향이 영보다 별로 크지 않다면, 소량의 투자변동은 이에 대응하는 소량의 고용변동을 가져올 것이다.

but, at the same time, it may require a large increment of investment to produce full employment.

: 그러나 동시에 완전고용을 가져오기 위해서는 큰 투자의 증가가 필요하게 될 것이다.

한계소비성향이 0.9이면, 최초의 투자액에 곱해지는 수는 $1/(1-0.9)$가 되어 10이 될 것이다. 그러나 아까 우리가 예로 들었던, 한계소비성향이 0.7인 경우는, 최초의 투자액에 곱해지는 수는 약 3이 된다. 따라서 한계소비성향이 더 클수록, 곱해지는 투자액이 적어도, 큰 효과가 있을 수 있다는 것이다. 즉, 소량의 투자변동이 대폭의 고용변동을 가져오게 된다. 반면, 한계소비성향이 0에 가까울수록, 즉 더 작을수록, 더 큰 투자액이 필요하게 되며, 소량의 투자변동이 이뤄진다면, 이에 대응하는 소량의 고용변동만을 가져오게 되리라는 것이다.

제6장의 경제이론과 관련한 설명은 여기까지다. 앞서 양해를 구했듯, 케인스의 일반이론 전반부까지를 이 책의 전체 주제와 연관지어 설명하는 것을 목표로 삼았다. 이 이후는 '소비'와 '투자'에 대한 각각의 설명이 '자본의 한계효율', '이자율', '유동성 선호 및 유동성 함정' 등의 개념들과 함께 각각 아주 자세히 다뤄진다. 또한 '화폐'와 '경기순환'에 관련한 내용도 앞선 내용과 논리적이고 유기적인 연관을 이루며 자세히 설명되어진다. 전반부가 전체적인 아이디어들로 반짝이는 곳이라면, 후반부는 아주 깊고 상세히 들어

가 요목조목 설명하는 천재성을 볼 수 있는 곳이다.

케인스가 미래를 향해 던지는 메시지

"나는 지금의 내가 되기까지 겪은 모든 수고와 어려움에 대하여 후회하지 않는다. 내 인생 여정에서 나를 계승할 사람에게 내 칼을 줄 것이고, 용기와 기술은 그것들을 얻을 능력이 있는 사람에게 주어질 것이다."

−케인스의 저서, 『순례자의 행진』에서[130]

케인스는 그의 삶 속에서 예술, 철학, 과학, 수학, 경제학, 정치 등을 아우르는 다재다능함을 꽃피워냈다. 서로 어울릴 것 같지 않은 감성과 지성(이성) 사이를 오가며 만들어내는 폭발적인 창조성은 그를 '천재'라고 부를 충분한 이유가 됐을 것이다.

다양한 방면의 흥미와 재능은 경제학에서도 그 열매를 맺었다. 자신이 속해있는 현실 세계와는 어울리지 않는 고전파 이론을 과감히 벗어나려 노력하며, 고전파 이론의 가장 밑바탕에 근거하고 있는 공준들을 찾아내, '지금 경제 현상'에 근거해 반박했다. 시대가 흐름에 따라 만들어진 새로운 경제 현실 속의 힘들을 마치 예술가처럼 직접 감각 및 지각했다. 또한 고전파 이론에서 그 본질을 정의한 내용을 그대로 받아들이지 않고, 그 스스로 다시 만족할 만하게 실질적 정의를 재정립해갔다. 현상을 예민하게 포착해내는 능력과 본질을 꿰뚫어 언어로 정의해내는 능력은 그의 이론의 전반적 아이디어와 흐름을 만들어내기에 충분했다. 그리고 이를 바탕으로 그들을 서로 유기적으로 연결시키고, 논리적으로 설명해내고, 수식과 공식을 이용해 설득력 있게 표현하였다. 이러한 과정들을 거친 후 비로소 거대한 경제이론, '일반이론(General Theory)'이 완성되었던 것이다.

---

130) 찰스 H. 헤시온, 『케인스 평전: 자본주의를 살려낸 한 천재의 삶』, 허창무, 지식산업사, 2008, p.580.

케인스는 시대에 적합한 올바르고 제대로 된 경제 이론이 우리가 사는 사회를 더 바람직하게 만들어줄 수 있다고 믿었다. 그의 낙관적인 태도가 그저 헛된 희망이 아니길 기대하며, 정확하고 올바른 경제이론으로 더 나은 사회를 만들기 위해 케인스가 건내준 칼을 받아야 한다. 그 칼을 갈고 닦아 우리의 미래를 위해 새로운 경제학을 창조해갈 순간이다.

제3부
참고문헌

제5장 '케인스의 다채로운 삶' 참고 자료

찰스 H. 헤시온의 『케인스 평전: 자본주의를 살려낸 한 천재의 삶』을 주로 참고하였다.

제6장 '케인스의 경제이론, 『일반이론』으로의 적용' 참고 자료

케인스의 일반이론 원전[131]과 일반이론 원전의 번역서,[132] 그리고 일반이론의 해설서[133]를 주로 참고하며 글을 써 나갔다.

---

131) John Maynard Keynes, *The general theory of employment, interest, and money*, Palgrave Macmillan for the Royal Economic Society, 2007.
132) J. M. 케인스, 『고용, 이자 및 화폐의 일반이론(개역판)』, 조순 옮김, 비봉출판사, 2007.
133) 존 메이너드 케인스(원저), 류동민, 『젊은 지성을 위한 케인스의 일반이론』, 두리미디어, 2012.

결론 및 작가의 말
피드백 및 연락 방법

    우리는 이 책을 시작하며, 경제학이란 무엇이며, 어떻게 연구해야 하고, 경제학이 예술, 철학, 과학과 어떤 관련이 있는지, 그리고 궁극적으로 경제학은 무엇을 위하여야 하는지에 대한 아주 깊고 넓은 질문을 던졌다. 그리고 지금까지 그 질문의 답을 찾기 위해 '존 메이너드 케인스'라는 경제학자의 생각을 따라가며 저자만의 답을 찾아 나갔다.

    저자가 찾은 답을 요약해 정리하자면, 경제학은 인간의 현재 실제 일상을 탐구하는 학문이다. 따라서 '인성'과 '물성'이 결합한 실제 경제 현상을 직접 감각 및 지각하고, 정신으로 본질을 꿰뚫어 직관하고, 가능하다면 논리적 인과관계까지 철저하게 분석하여야 한다. 각각은 예술, 철학, 과학과 관련이 있었다. 그리고 경제학은 윤리학과 '목적'의 관점에서 관련이 있었는데, 윤리학이 제시하는 바람직한 인류의 미래를 바라보며 경제학은 정진해 나가야 한다고 저자는 주장했다.

    저자는 케인스의 발자취와 자신만의 생각과 경험을 더해 이러한 색의 답들을 『스물넷, 케인스를 만나다』라는 책에 담아냈다. 독자들은 이 책을 읽으며 다양한 반응을 할 수도 있다고 생각한다. 혹 저자에게 피드백하고 싶거나, 의견을 교류하고 싶다면 주저 없이 아래의 이메일 주소[134]로 연락해주길 바란다.

---

134) grace97girl@naver.com

이 책을 집필하기 전과 후에 저자는 극적으로 달라졌다. 경제학을 대하는 태도, 학문과 예술을 대하는 태도, 심지어 저자의 흥미들과 인생을 끌어가는 본질적 질문들까지 달라졌다. 그래서 그런지 책 집필을 완료한 후에 보니, 미흡한 점이 많이 보인다. 아마 그 여백들은 앞으로의 끝없는 성장을 통해 달라질 저자의 미래가 채워야 할 몫일 것이다. 책을 읽으며 그러한 여백들이 보였을지라도, 저자가 성장하는 과정을 힐끗 보았기 때문이라고 너그러이 이해해주길 바란다. 저자는 앞으로 '경제학과 예술·철학·과학의 관계'를 알아낸 것을 바탕으로 그를 직접 실천해보려고 한다. 즉, 경제학에 예술, 철학, 과학적 접근을 하며 저자만의 새로운 경제학 세계를 직접 만들어 가보려고 한다. 또한 최근 저자에게 가장 매혹적인 질문은 '추상적 세계와 현실적 세계는 어떻게 연결될 수 있는가?'인데, 이에 대한 답도 함께 찾아가며 새로운 경제학을 시도해보려고 한다.

마지막으로 이 책을 읽어줘서 진심으로 감사하다는 말씀을 꼭 드리고 싶다. 그동안 독자로서 다양한 책들을 읽을 때는 잘 몰랐다. 작가들이 독자들에게 느낄 수 있는 복잡하고 형용할 수 없는 마음이 어떤 것인지, 그 표현력이 뛰어난 다른 작가들조차도 '감사함'이라는 단순한 단어로밖에 표현해내지 못하는 이 벅차오르는 감정이 어떤 것인지를 말이다. 저자도 이 마음을 '감사한다'는 단어에 꾹꾹 담아 전달하려고 한다. 서투른 걸음마로 한 발자국씩 내딛어온 책, 『스물넷, 케인스를 만나다』를 읽어주어 진심으로 감사하다.

후원자 목록

No.	후원자 이름	후원 금액
1	고재석	1,000,000
2	김지은	500,000
3	혜천 임경희	240,000
4	김기흥	63,500
5	고서아	50,000
6	이정표	30,000
7	문현경, 김예은	26,500
8	늘 채윤이를 응원하는 수연	23,500
9	고원준	20,000
10	김세희	15,000
11	Fishy	13,500
12	ISO	13,500
13	Jeongsoyong	13,500
14	김수민	13,500
15	김요한	13,500
16	김유빈	13,500
17	김재연	13,500
18	김진아	13,500
19	도경	13,500
20	띠앗둥이 예림:)	13,500

21	모네스타	13,500
22	문유빈	13,500
23	미기쟤	13,500
24	박지영	13,500
25	박진선	13,500
26	배소현	13,500
27	새벽꿈	13,500
28	손현민	13,500
29	순소영	13,500
30	애디	13,500
31	이승현	13,500
32	이지인	13,500
33	장아해	13,500
34	전여운	13,500
35	지인선	13,500
36	차다현	13,500
37	초록	13,500
38	황재은	13,500
39	황지환	13,500
40	GE	12,600
41	lovol	12,600
42	meloria choi	12,600
43	soysoy	12,600
44	yennie.p	12,600
45	공건희	12,600
46	김우정	12,600
47	류수민	12,600
48	미동동이	12,600
49	오랑열매	12,600
50	유예현	12,600

51	율벗	12,600
52	이은샘	12,600
53	이태규	12,600
54	재빈 파파	12,600
55	한채빈	12,600
56	행보기	12,600
57	효빈	12,600
58	수현	10,000

총 58명, 총 2,596,800원

참고문헌

레오나드 쉘레인, 『미술과 물리의 만남 1』, 김진엽, 도서출판 국제, 1995.

레오나드 쉘레인, 『미술과 물리의 만남 2』, 김진엽, 도서출판 국제, 1995.

로버트 스키델스키, 『(존 메이너드) 케인스: 경제학자, 철학자, 정치가』, 고세훈, 후마니타스, 2009.

박우희, 『경제 원리의 두 길-자연·인성·경제의 상호관계와 변화의 원리 분석』, 서울대학교출판문화원, 2019.

박우희, 『경제학의 기본원리-과학·철학·예술과 경제 원리의 발견』, 서울대학교출판부, 2007.

버트런드 러셀, 『철학의 문제들』, 이학사, 2018.

송은영, 『뉴턴, 프린키피아』, 주니어김영사, 2010.

이지성, 『리딩으로 리드하라』, 차이정원, 2016.

이토 미쓰하루, 『존 케인즈-'새로운 경제학'의 탄생』, 김경미, 도서출판 소화, 2004.

존 메이너드 케인스(원저), 류동민, 『젊은 지성을 위한 케인스의 일반이론』, 두리미디어, 2012.

질 들뢰즈, 펠릭스 가타리, 『철학이란 무엇인가』, 이정임, 윤정임 옮김, 현대미학사.

찰스 H. 헤시온, 『케인스 평전: 자본주의를 살려낸 한 천재의 삶』, 허창무, 지식산업사, 2008.

폴 세잔 외, 『세잔과의 대화』, 조정훈 옮김, 다빈치, 2002.

J. W. 괴테, 『파우스트』, 정광섭 옮김, 홍신문화사, 2011.

J. M. 케인즈, 『고용, 이자 및 화폐의 일반이론(개역판)』, 조순 옮김, 비봉출판사, 2007.

Elke Muchlinski, "The philosophy of John Maynard Keynes(A Reconsideration)".

Gilles Deleuze, Felix Guattari, *What is Philosophy?*, Translated by Hugh

Tomlinson and Graham Burchell, Columbia University Press New York.

Gilles Dostaler, "Keynes, Art and Aesthetics".

John Maynard Keynes, *A Treatise on Probability*, Cosimo Classics, 2007.

John Maynard Keynes, *The general theory of employment, interest, and money*, Palgrave Macmillan for the Royal Economic Society, 2007.

R. M. O'Donnell, *Keynes: Philosophy, Economics and Politics*, Palgrave Macmillan, 1989.

R. M. O'Donnell, "Keynes on Aesthetics".

R. M. O'Donnell, "The Epistemology of J. M. Keynes", The British Journal for the Philosophy of Science, Sep., 1990, Vol. 41, No.3.

찾아보기

인명 색인

사항 색인

고 채 윤

이화여자대학교에 재학 중이며, 경제학과 주전공, 철학과 복수 전공, 수학과 부전공을 하고 있습니다.
예술이 주는 경이로움을 좋아하고, 철학이 주는 깊은 질문을 좋아하고, 수학이 주는 필연성을 좋아하고, 과학이 주는 호기심을 좋아합니다.
다채로운 분야들로 이리저리 영혼이 이끌리지만, 제가 그리워하는 것은 결국 제 자신임을 잊지 않으려 노력합니다.
이러한 깨달음을 준, 〈데미안〉, 〈수레바퀴 아래서〉, 〈싯다르타〉, 〈나르치스와 골드문트〉의 저자 헤르만 헤세를 현재 가장 좋아합니다.
어제보다 오늘 더 자유롭고 온전한 내가 되기 위한 그림을 인생이라는 도화지에 그려가고 있습니다.

이메일: grace97girl@naver.com
인스타그램: www.instagram.com/chae_llenge_/

스물넷, 케인스를 만나다

초판발행   2021년 6월 16일

지은이   고채윤
펴낸이   안종만·안상준

편 집   배근하
기획/마케팅   박세기
표지디자인   이미연
제 작   고철민·조영환

펴낸곳   (주) **박영시**
              서울특별시 금천구 가산디지털2로 53, 210호(가산동, 한라시그마밸리)
              등록 1959. 3. 11. 제300-1959-1호(倫)
전 화   02)733-6771
f a x   02)736-4818
e-mail   pys@pybook.co.kr
homepage   www.pybook.co.kr
ISBN   979-11-303-1282-8   03320

정 가   14,000원